A Hélène Clement,

Avec mes remerciements pour votre contribution

En toute amitié

Alain

La protection sociale : un investissement pour notre avenir

Du même auteur

Chez le même éditeur

La Croissance américaine ou la main de l'État
Seuil, 2007

Chez d'autres éditeurs

Rajeunissement et vieillissement de la France,
une politique économique pour la jeunesse
(avec Jean-Hervé Lorenzi et Jacques Pelletan)
Éditions Descartes, 2012

L'Innovation au cœur de la nouvelle croissance
(avec Jean-Hervé Lorenzi)
Economica, 2009

La Divergence économique États-Unis – Europe
Economica, 2002

Réenchanter le monde
Pour de nouveaux choix politiques,
contre le tout-économique
(avec Didier Williame)
Éditions du Félin, 1997

Sûreté de fonctionnement des systèmes industriels
Fiabilité, facteurs humains, informatisation
Eyrolles, 1988

ALAIN VILLEMEUR

La protection sociale : un investissement pour notre avenir

ÉDITIONS DU SEUIL
25, bd Romain-Rolland, Paris XIVe

COLLECTION DIRIGÉE PAR JACQUES GÉNÉREUX

« ÉCONOMIE HUMAINE »

Par « Économie humaine », nous entendons exprimer l'adhésion à une finalité et à une méthode. La seule finalité légitime de l'économie est le bien-être des hommes, à commencer par celui des plus démunis. Et, par bien-être, il faut entendre la satisfaction de *tous les besoins* des hommes ; pas seulement ceux que comblent les consommations marchandes, mais aussi l'ensemble des aspirations qui échappent à toute évaluation monétaire : la dignité, la paix, la sécurité, la liberté, l'éducation, la santé, le loisir, la qualité de l'environnement, le bien-être des générations futures, etc.

Corollaires de cette finalité, les méthodes de l'économie humaine ne peuvent que s'écarter de l'économisme et du scientisme de l'économie mathématique néoclassique qui a joué un rôle central au XXe siècle. L'économie humaine est l'économie d'un *homme complet* (dont l'individu maximisateur de valeurs marchandes sous contrainte n'est qu'une caricature), d'un homme qui inscrit son action dans le temps (et donc l'histoire), sur un territoire, dans un environnement familial, social, culturel et politique ; l'économie d'un homme animé par des valeurs et qui ne résout pas tout par le calcul ou l'échange, mais aussi par l'habitude, le don, la coopération, les règles morales, les conventions sociales, le droit, les institutions politiques, etc.

L'économie humaine est donc une économie historique, politique, sociale, et écologique. Elle ne dédaigne pas l'usage des mathématiques comme un langage utile à la rigueur d'un raisonnement, mais refuse de cantonner son discours aux seuls cas où ce langage est possible. Au lieu d'évacuer la complexité des sociétés humaines (qui ne se met pas toujours en équations), l'économie humaine s'efforce de tenir un discours rigoureux intégrant la complexité, elle préfère la pertinence à la formalisation, elle revendique le statut de *science humaine*, parmi les autres sciences humaines, et tourne le dos à la prétention stérile d'énoncer des lois de la nature à l'instar des sciences physiques.

Le projet de l'économie humaine est un projet ancien, tant il est vrai que nombre des fondateurs de la science économique ont pensé celle-ci comme une science historique, une science sociale, une science morale ou encore psychologique. Mais ce projet est aussi un projet contemporain qui constitue le dénominateur commun de bien des approches (post-keynésiens, institutionnalistes, régulation, socioéconomie, etc.) et de nombreuses recherches (en économie du développement, de l'environnement, de la santé, des institutions ; en économie sociale, etc.).

Nous nous proposons d'accueillir ici les essais, les travaux théoriques ou descriptifs, de tous ceux qui, économistes ou non, partagent cette ambition d'une économie vraiment utile à l'homme.

Jacques Généreux

ISBN 978-2-02-107990-6

www.seuil.com

À Danièle Van De Velde qui a eu le grand mérite de taper ces pages, toujours avec attention, intelligence et persévérance.

Aux premiers lecteurs, Marie-Dominique Villemeur, Françoise et Paul Grolleau, dont les exigences de forme et de fond, ainsi que les questionnements, ont grandement contribué à améliorer et à enrichir cet ouvrage.

Introduction

Les Français sont très attachés à leur État-providence et à leur haut niveau de protection sociale[1]. Ils ont raison, car il s'agit d'une conquête des plus fondamentales, fruit d'une longue histoire de luttes. L'histoire moderne de la protection sociale débute avec le Conseil national de la résistance qui intègre dans son programme du 15 mars 1944, à l'initiative du général de Gaulle, « un plan complet de sécurité sociale, visant à assurer à tous les citoyens des moyens d'existence, dans tous les cas où ils sont incapables de se les procurer par le travail, avec une gestion appartenant aux représentants des intéressés et de l'État ». En 1948, la déclaration universelle des droits de l'homme consacre ce droit nouveau : « toute personne, en tant que membre de la société, a droit à la sécurité sociale ».

Aux yeux des Français, la dernière crise économique

1. C'est l'ensemble des mécanismes de prévoyance collective qui permet aux individus et aux ménages de faire face financièrement aux conséquences des risques sociaux, c'est-à-dire aux situations pouvant provoquer une baisse des ressources ou une hausse des dépenses (vieillesse, maladie, invalidité, chômage, charges de famille…). La protection sociale a donc à la fois des objectifs matériels (permettre aux individus de survivre quand ils sont malades, âgés ou chargés de familles nombreuses par exemple) et des objectifs sociaux (réduire l'inégalité devant les risques de la vie et assurer aux individus un minimum de revenus leur permettant d'être intégrés à la société).

et financière a conforté cette légitimité en montrant que l'État-providence est plus que jamais nécessaire. Mais ils sont légitimement inquiets devant la montée des souffrances sociales et l'avenir menacé de la protection sociale.

D'abord le financement de cette protection sociale n'est plus complètement assuré, comme l'a souligné le débat en 2010 sur les retraites ; c'est ainsi qu'une retraite sur dix n'est financée que par l'emprunt. La réforme des retraites en 2010 a reculé l'âge de la retraite sans avoir préparé cette décision, avec pour conséquence le passage par la case chômage avant la retraite ; elle a introduit beaucoup d'injustice, notamment envers les jeunes générations. Elle n'a pas rétabli l'équilibre financier, ce qui ne peut qu'inquiéter les jeunes générations sur la pérennité d'un tel système.

Tous nos dispositifs de protection sociale connaissent actuellement des déficits sans précédent, que ce soit l'assurance-maladie, l'assurance-chômage, les allocations familiales ou encore la dépendance. Partout le maintien des prestations n'est assuré que par l'emprunt sur les marchés financiers, ce qui ne fait qu'aggraver l'endettement déjà considérable des Français, tout en augmentant le poids des charges pesant sur les jeunes… et les futures générations !

En réalité, depuis les années 2000, nos gouvernants ont laissé dériver notre système de protection sociale. La dernière réforme de grande envergure a été conduite par le Premier ministre Michel Rocard entre 1988 et 1990, avec l'instauration du revenu minimum d'insertion (RMI), pour faire sortir de la grande pauvreté environ 2 millions de personnes, et la création d'un nouvel impôt, la contribution sociale généralisée (CSG), pour financer la protection sociale. Ces réformes ont été bien acceptées, et c'est d'autant plus méritoire pour la CSG qu'il s'agit d'un nouvel impôt dont tous les responsables s'accordent désormais à reconnaître la « modernité[2] ».

Aujourd'hui, faute de réforme d'envergure, notre protection sociale est à la merci des marchés financiers ! Désormais les déficits sont abyssaux, de l'ordre de 45 à 50 milliards d'euros ces dernières années, et ne sont couverts que par l'emprunt. La difficulté à emprunter, à cause de taux d'intérêt trop élevés, pourrait se traduire par un ajustement brutal avec à la clé, par exemple, la réduction immédiate de plus de 10 % de toutes les retraites, la hausse brutale des cotisations d'assurance-maladie et d'assurance-chômage…

La crise économique et financière actuelle, née notamment de la dérégulation sauvage de la sphère financière, amplifie encore l'inquiétude car c'est la pire crise économique depuis 1945. Les déficits sociaux, déjà présents avant la crise, se sont creusés rapidement. Écoutons Philippe Séguin, premier président de la Cour des comptes, présentant en septembre 2009 le rapport annuel sur le financement de la Sécurité sociale : « Rien ne serait plus dangereux à nos yeux que de tirer prétexte de la situation conjoncturelle pour ne pas voir qu'avant même la crise la Sécurité sociale faisait face à un déficit structurel de plus de 10 milliards d'euros – dans l'hypothèse la plus favorable – et à une dette cumulée de plus de 100 milliards. »

Sur le moyen et le long terme, le futur de la protection sociale va surtout dépendre de deux chocs, celui de la longévité et celui de la ressource rare que deviennent les actifs et tout particulièrement les jeunes générations. L'allongement continu de la durée de vie est un merveilleux

2. Voir, par exemple, Landais C., Piketty T., Saez E. (2011), *Pour une révolution fiscale, un impôt sur le revenu pour le XXIe siècle*, éd. du Seuil, « La République des idées ».

bienfait et tout le monde devrait en profiter. Mais il va se traduire par une population des plus de 60 ans passant de 15 millions actuellement à 21 millions en 2035.

Ce choc du papy-boom est un phénomène sans précédent : soit 6 millions de personnes supplémentaires dont il faut assurer le paiement des retraites, ainsi qu'une grande partie des soins de santé qui croissent à partir de cet âge. Mais aussi, en 2035, probablement 500 000 personnes dépendantes supplémentaires dont il faudra prendre soin. Comment partager le coût du vieillissement dans notre pays ? La question est désormais incontournable[3].

Pendant ce temps, les actifs vont devenir une ressource plus rare, car la population active devrait peu augmenter, passant de 28 millions à 29 millions en 2035. On est là en face d'un ralentissement historique. Le problème du financement de la protection sociale, qui repose actuellement surtout sur les actifs en emploi, va devenir évidemment plus aigu, surtout si le chômage reste à un haut niveau. Bien sûr, des incertitudes existent sur l'évolution de l'âge du départ à la retraite ou sur l'ampleur de l'immigration, et cette faible croissance de la population active pourrait être remise en question dans une certaine mesure. S'il y a actuellement 2,1 actifs pour un inactif de plus de 60 ans, il n'y en aurait qu'environ 1,6 en 2035, même en supposant des incertitudes favorables[4].

Les jeunes générations, qui se font relativement plus rares, sont le futur pilier de la protection sociale, ce qui rend plus préoccupante leur perte de confiance dans le contrat social actuel. Désormais le sentiment d'impuissance domine. Et,

3. Voir, par exemple, Masson A. (2012), « Partager le coût du vieillissement », *Risques, les cahiers de l'assurance*, n° 89, mars.

4. Filatriau O. (2010), « Projections à l'horizon 2060. Des actifs plus nombreux et plus âgés », *Insee première*, n° 1345, avril.

comme le souligne le sociologue Robert Castel : « C'est sans doute cela aussi "la crise de l'avenir", une société où les vieillards sont plus assurés du futur que les jeunes. Et, de fait, les gens âgés bénéficient encore des protections montées par la société salariale, tandis que les jeunes savent déjà que la promesse du progrès ne sera pas tenue[5]. »

Les jeunes générations seront-elles des générations sacrifiées, croulant sous le poids des dettes, y compris sociales, qu'on leur lègue ? Les baby-boomers[6] actuels seront-ils les derniers à bénéficier de tant d'avantages ? Faut-il revoir une fiscalité encore trop basée sur le travail, qui pénalise les actifs et les entreprises ? Faut-il aller vers une taxation plus forte des revenus du capital ?

Je soutiens que pour répondre sérieusement à ces questions, et à bien d'autres, il faut d'abord préciser et évaluer les enjeux sociaux auxquels doivent faire face les jeunes générations dans les prochaines décennies, puis avoir une nouvelle boussole pour s'orienter. Il faut aussi avoir retenu la leçon de l'histoire : « Entre les êtres humains, le seul progrès qui compte vraiment, c'est le progrès social, au sens le plus large du terme, c'est-à-dire l'extension de leur capacité à faire société, à vivre bien avec autrui et tous ensemble. Sans ce dernier, le progrès des connaissances et des techniques ne protège aucune civilisation contre une régression et, pire encore, il peut servir à sa destruction[7]. »

Côté enjeux sociaux, cette évaluation met en exergue une

5. Castel R. (2010), *Les Métamorphoses de la question sociale,* Gallimard, p. 717.

6. Les baby-boomers sont les personnes nées lors de l'explosion inattendue des taux de natalité durant les années qui suivirent la Seconde Guerre mondiale. Pour la France, il s'agit essentiellement des générations nées entre 1945 et 1974.

7. Généreux J. (2012), *La Grande Régression*, éd. du Seuil, p. 12.

première conclusion : notre protection sociale n'est pas en mesure de faire face à l'arrivée des papy-boomers[8] qui ne fera qu'amplifier les échecs et les déficits à l'œuvre, tandis que les jeunes générations sont sacrifiées et vont continuer à perdre confiance dans l'avenir de la protection sociale. C'est intenable et d'importantes réformes structurelles s'imposent.

Côté boussole, les derniers travaux sociologiques et économiques vont à l'encontre de bien des idées reçues et permettent de mettre en évidence de nouvelles opportunités. On vit plus vieux parce qu'on arrive à 60 ans en meilleure santé qu'auparavant, tandis que le travail prolongé des seniors est favorable à l'emploi des jeunes. Les dépenses de santé sont aussi un facteur de développement économique créant de l'emploi et générant de futurs gains de pouvoir d'achat, facteur d'autant plus important que ces dépenses concernent les moins de 40 ans. L'État-providence doit se transformer en État investissant dans le social afin de mieux intégrer les jeunes générations, au bénéfice de tous. De nouveaux financements de la protection sociale ne reposant plus sur le travail sont envisageables.

De mon point de vue, il faut se saisir de ces opportunités économiques et sociales pour définir une nouvelle protection sociale favorisant désormais les jeunes générations. L'ancien État-providence doit céder la place à un nouvel « État social investisseur » qui est un atout économique. Alors le progrès social redeviendra possible et la protection sociale y retrouvera une nouvelle légitimité. C'est ce que j'entends exposer et démontrer dans cet essai qui débouche sur dix orientations majeures pour refonder notre protection sociale dès cette présente décennie.

8. Les papy-boomers désignent ces générations de baby-boomers qui arrivent à l'âge de la retraite à partir de 2000.

Chapitre 1

Toujours plus de dépenses sociales en faveur des retraités

Les dépenses sociales (santé, retraite, famille, chômage, etc.) connaissent une croissance irrésistible depuis plusieurs décennies. Elles ont atteint un niveau record ces dernières années, 34 % du PIB, et nous sommes les champions du monde de ces dépenses en proportion de notre production de richesse. En d'autres termes, un Français travaille en moyenne un jour sur trois pour financer ces dépenses et en bénéficier. C'est dire l'importance prise désormais par ces dépenses.

Les personnes de plus de 60 ans, disons pour simplifier les retraités, en bénéficient largement, que ce soit pour leur santé, leur retraite ou encore pour leur autonomie (lutte contre la dépendance). Leur nombre rapidement grandissant dans les prochaines années nourrit légitimement une inquiétude sur un financement largement assuré par les actifs. La soutenabilité de ces dépenses est un questionnement incontournable.

Comment ces dépenses ont-elles évolué jusqu'à présent ? Qui surtout finance ces dépenses, les actifs ou les retraités ? Quelles évolutions peut-on anticiper compte tenu du vieillissement démographique en cours de la population ? Toutes ces questions méritent d'être abordées maintenant.

Pour les retraités, la moitié des dépenses de santé

Les ménages consacrent à la santé une part toujours croissante de leur revenu, ce qui se fait forcément au détriment d'autres postes de consommation. Tout au long des dernières décennies, les dépenses de santé ont augmenté rapidement, toujours plus rapidement que la croissance du PIB[1]. En conséquence, le poids des dépenses de santé dans le PIB n'a cessé d'augmenter dans tous les pays développés.

Pour le pays le plus dépensier au monde, les États-Unis, le poids des dépenses de santé dans le PIB a ainsi crû de 9 % en 1980 jusqu'à 17 % en 2010. La France, le deuxième pays le plus dépensier au monde, a vu sa part croître de 7 % en 1980 à 12 % en 2010. Et pourtant, en France, les tentatives de stabilisation des dépenses de santé, voire de réduction, n'ont pas cessé tout au long de ces décennies ; à tel point que certains croient sincèrement que les dépenses de santé ont diminué…

Faut-il se préoccuper de cette hausse irrésistible des dépenses de santé ? Globalement, l'utilité de ces dépenses ne s'est pas démentie car l'espérance de vie dans nos pays n'a cessé de croître, sauf depuis peu aux États-Unis. Plus on dépense pour sa santé, plus on vit vieux. Mais une durée de vie plus longue incite aussi à dépenser plus pour améliorer autant que possible une santé déclinante ou pour retarder l'échéance finale. Autrement dit, nous sommes en face d'une réaction en chaîne alimentant une croissance rapide des dépenses de santé.

1. En volume, la croissance annuelle des dépenses de santé est de 3,1 % (2001-2007) pour la France. Sur la même période, le PIB a crû de 1,7 %, en moyenne annuelle.

Bien évidemment, cela est rendu possible par le progrès médical et les nombreuses innovations mises en œuvre, que ce soit au niveau des médicaments, des appareils de diagnostic ou encore des pratiques médicales (chirurgie par exemple). À l'évidence, la survenue d'innovations médicales, comme récemment l'opération de la cataracte, puis leur diffusion au sein de la population contribuent à la hausse des dépenses de santé. L'opération de la cataracte a vu son coût baisser, compte tenu du progrès technique, mais de plus en plus de personnes en bénéficient ; d'où au total une dépense croissante.

Mais cette explication est-elle complète ? Un débat oppose les économistes. Certains postulent que les dépenses de santé vont finir par se stabiliser. D'autres économistes, devant l'attente sans cesse repoussée de cette stabilisation, considèrent que la maxime « la santé n'a pas de prix » traduit un comportement spécifique vis-à-vis de la santé, considérée comme un bien supérieur. En d'autres termes, en devenant plus riches, les individus trouvent de moins en moins d'utilité aux autres biens matériels et immatériels ; ils orientent leurs achats supplémentaires vers les biens qui les maintiennent en meilleure santé. D'où une part toujours plus grande des revenus consacrés à la santé.

Certains économistes américains en arrivent à prédire qu'en 2050 le tiers de la richesse américaine pourrait être consacré aux dépenses de santé ! Ce qui donne des angoisses aux ultralibéraux qui s'inquiètent de voir à l'avenir un secteur social devenir aussi prépondérant dans l'économie.

Si la hausse des dépenses de santé doit être considérée comme un bienfait, néanmoins ce sont surtout les plus de 60 ans qui en bénéficient. En effet, les plus de 60 ans ont consommé 46 % des dépenses de santé en 2008 alors qu'ils ne représentent que 22 % de la population. Cette part ne cesse d'augmenter, compte tenu de la croissance du nombre des plus de 60 ans et de la consommation individuelle en hausse avec l'âge. Car, une personne de 70 ans consomme en moyenne 3,6 fois plus de soins qu'une personne de 30 ans, 5 fois plus pour une personne de plus de 80 ans.

Une grosse partie (60 %) des dépenses de santé est consacrée à lutter contre les affections de longue durée (ALD). Mais ces dépenses sont très concentrées sur les personnes de plus de 60 ans (voir l'encadré)[2]. Tout laisse à penser que le nombre d'ALD va continuer à croître fortement à l'avenir.

Tout cela n'est guère surprenant. En revanche, côté financement, la surprise est de taille. La contribution des plus de 60 ans au financement de l'assurance-maladie est faible, de l'ordre de 15 % de leurs dépenses ! Ainsi 85 % de leurs dépenses d'assurance-maladie sont financées d'une part par les cotisations des actifs et des entreprises, d'autre part par la dette[3].

Une telle concentration des dépenses sur les retraités et les plus âgés devient problématique :

– une partie de la population, la plus jeune, n'a pas le sentiment de « gaspiller » et accepte mal les discours publics de responsabilisation et les mesures périodiques de déremboursement ; le taux de remboursement des soins en ville, qui concerne surtout les jeunes actifs, n'est que de 50 à 55 % ;

– la solidarité intergénérationnelle devrait encore davan-

2. Seulement 10 % des cinquantenaires sont en ALD, contre 25 % à 60 ans, 50 % à 80 ans et 75 % à plus de 90 ans. CNAM, *Points de repère,* n° 20, novembre 2008.

3. Jalma (2009), *Livre Blanc, Quel avenir pour l'assurance-maladie*, Jalma.

Le nombre croissant de bénéficiaires du régime des ALD

Le régime ALD, qui permet à des assurés d'être couverts à 100 % par la Sécurité sociale pour les soins liés à une pathologie grave (cancer, diabète, etc.), continue d'alimenter la hausse des dépenses. Fin 2009, on comptait 8,6 millions de patients en ALD, soit 15 % des assurés et 60 % des dépenses de remboursement. Mais ce nombre a crû rapidement à un rythme annuel de 5,7 % entre 1994 et 2004. Ce rythme reste à un haut niveau de 4,2 % en 2009.

Cette croissance est due à divers facteurs : l'élargissement des critères d'entrée (32 intitulés d'affection aujourd'hui), le vieillissement de la population, l'allongement de la durée de vie des malades chroniques, la meilleure couverture des diabétiques, etc. Le nombre des nouveaux cas déclarés en ALD a atteint 1,25 million en 2009, contre 0,6 million en 1990. La progression est principalement liée à des raisons épidémiologiques (augmentation des pathologies sévères en lien avec l'obésité), démographiques (vieillissement) et aussi à des programmes de dépistage permettant de détecter plus précocement certaines pathologies graves.

Le cap des 10 millions d'assurés en ALD devrait être franchi dès 2015. En 2007, le candidat Nicolas Sarkozy avait fait de la réforme des ALD une priorité, mais rien n'a évolué depuis. Les questions soulevées sont, il est vrai, difficiles. Faut-il faire sortir du régime ALD les personnes jugées guéries (par exemple de leur cancer), en ne prenant plus en charge que les examens de suivi ? Faut-il durcir les critères d'entrée en ALD ? Ou faut-il augmenter les recettes (cotisations, CSG) ?

---

tage être sollicitée dans les prochaines décennies car la part de la consommation des plus de 60 ans devrait augmenter à l'avenir.

Peut-on préciser les facteurs de la hausse des dépenses de santé ? Quelle part pour le choc du papy-boom ? Comme nous l'avons vu, un premier facteur réside dans le progrès médical qui ne cesse de se développer. Un deuxième facteur est lié au vieillissement démographique proprement dit. Jusqu'à présent et contrairement à une idée reçue, la hausse des dépenses de santé est surtout due au progrès médical ; en d'autres termes, le vieillissement n'y a joué qu'un rôle secondaire[4].

Mais que nous réserve l'avenir avec les papy-boomers ? L'augmentation rapide à venir de la proportion des plus de 60 ans, et aussi des plus de 80 ans, va donc tirer mécaniquement les dépenses vers le haut. Les papy-boomers, compte tenu de leurs revenus plus élevés et de leurs habitudes de consommation, ne risquent-ils pas d'élever la santé au rang de bien supérieur, comme aucune autre génération auparavant ? Si c'est le cas, les dépenses de santé pourraient s'emballer, les facteurs du progrès médical, de la norme de la consommation médicale et de l'évolution démographique tirant dans le même sens !

Rien n'est évidemment joué, mais le problème du financement des dépenses de santé émerge. Les limites raisonnables du système de financement actuel sont-elles atteintes ? La question devient incontournable : la solidarité intergénérationnelle devrait se traduire, année après année, par des transferts de plus en plus massifs vers les retraités alors que les jeunes actifs ont le sentiment de peu bénéficier du système de santé.

4. Dormont B. (2009), *Les Dépenses de santé, une augmentation salutaire ?* éd. Rue d'Ulm/Presses de l'École normale supérieure, coll. du Centre pour la recherche économique et ses applications, février.

Toujours plus de dette sociale pour les jeunes générations

Le régime de l'assurance-maladie est systématiquement en déficit depuis 1989 ; soit vingt-trois ans de déficit continuel, avec plus ou moins d'ampleur, toujours avec l'accord successif des gouvernements de droite et de gauche. Les crises économiques aggravent le déficit, mais les fortes reprises ne signent jamais le retour d'excédents. Ces dernières années, les déficits de l'assurance-maladie continuent à se maintenir à de très hauts niveaux[5].

Le système de santé est englué dans les déficits. La Cnam a précisé en juillet 2010 que, sans recettes supplémentaires, le retour à l'équilibre ne saurait être envisagé, même en serrant les dépenses. Les gouvernements ont jusqu'ici refusé d'envisager de nouvelles ressources et toute nouvelle réforme d'envergure, laissant ainsi filer les comptes de l'assurance-maladie. Ils ne voient qu'une solution : l'endettement, la « drogue dure » par excellence.

En 2005, le législateur avait pris la précaution, par une loi organique, d'empêcher d'aller au-delà de 2021 pour amortir la dette sociale. Quelle naïveté ! En octobre 2010, le gouvernement de Nicolas Sarkozy passent outre pour reporter à 2025 la fin de la Cades (voir l'encadré). Pourtant, la loi organique de 2005 stipulait que « tout nouveau transfert de dette doit être accompagné d'une augmentation des recettes de la caisse, permettant de ne pas accroître la durée d'amortissement de la dette sociale ». La volonté du législateur était de ne plus transférer les dépenses de protection sociale sur les générations futures.

5. 10,6 milliards d'euros en 2009, 11,6 en 2010, 8,6 en 2011.

Dette sociale : le fardeau est encore renvoyé sur les jeunes générations

La Caisse d'amortissement de la dette sociale (Cades) a été créée en 1996, afin d'amortir sur une période déterminée les déficits accumulés par la Sécurité sociale, au départ surtout liés à l'assurance-maladie. Elle perçoit la CRDS (5,9 milliards d'euros) et 0,2 point de CSG (2,2 milliards). Au total, 135 milliards d'euros ont été transférés à la Cades, dont 77 au titre de l'assurance-maladie.
La fin de vie de la Cades, initialement prévue en 2009, n'a cessé d'être reportée à trois reprises. En octobre 2010, l'extinction prévue en 2021 a encore été reportée à 2025.
Il s'agit désormais de transférer à la Cades l'intégralité des déficits accumulés par la Sécurité sociale en 2009, 2010 et 2011, soit une dette supérieure d'environ 70 milliards d'euros !

Le président de la Commission des lois déclare en octobre 2010, lors de la présentation du dernier rapport : « Jamais, sous la Ve République, le Parlement n'a été saisi d'une demande de faire de la cavalerie à ce niveau. J'ai donc le devoir d'appeler chacune et chacun d'entre vous à la réflexion, de vous demander de voter librement, de savoir écarter les amicales pressions. Il en va de l'avenir de notre protection sociale, de la crédibilité de la parole financière de la France et de la crédibilité du Parlement[6]. » Rien n'y fait ! Le gouvernement refuse alors toute hausse des prélèvements obligatoires et propose tout simplement de prolonger la durée de vie de la Cades. La loi organique n'est pas respectée et n'aura donc eu aucun effet vertueux…

Mais qui paie la dette sociale ? Là réside le deuxième

6. *Le Monde* (2010), « Les députés reportent à 2025 le remboursement de la dette sociale », 14 octobre, p. 9.

scandale : les dépenses de santé donnant lieu à endettement sont le fait des générations les plus âgées, laissant ainsi le remboursement aux plus jeunes. En effet, les dépenses financées par l'endettement sur la période 1993-2006 sont surtout le fait des générations nées entre 1920 et 1940, soit actuellement les plus de 70 ans, comme le démontre le Conseil des prélèvements obligatoires[7].

La conclusion est très claire : les générations qui se sont endettées ne sont pas celles qui remboursent le plus ! Ces générations s'acquittent d'un montant inférieur à celui des prestations financées par l'endettement. C'est l'inverse pour les générations plus jeunes. De nouveau, l'équité intergénérationnelle est interpellée.

Ainsi, en plus du déficit récurrent de l'assurance-maladie, émerge un autre problème, potentiellement dévastateur. Il réside dans une solidarité intergénérationnelle trop sollicitée, ce qui est de nature à miner l'avenir du système de santé. Les jeunes actifs perdent confiance dans leurs droits futurs à bénéficier plus tard du système de santé, d'autant plus que les déficits actuels sont là aussi imposants. Le choc du papy-boom rendra encore plus aigu ce problème.

L'ampleur des déficits des régimes de retraite

Depuis les années 1990, la France ne réforme ses régimes de retraite qu'à reculons, lorsqu'elle est au pied du mur. La réforme de 2010 initiée par le président Nicolas Sarkozy n'échappe pas à la règle ! En effet, dès 1988 le Premier

7. Conseil des prélèvements obligatoires (2008), *La Répartition des prélèvements obligatoires entre générations et la question de l'équité intergénérationnelle*, novembre, La Documentation française.

ministre d'alors, Michel Rocard, est alerté : « Quand je suis nommé Premier ministre, les signaux d'alerte se multiplient sur les retraites. Tous les experts, tous ceux qui travaillent sur les chiffres et tous les politologues commencent à marteler que la France va crever de ses retraites et qu'on ne peut plus attendre pour agir[8]. »

En 2007, le candidat Nicolas Sarkozy n'avait pas programmé de réforme des retraites, pas plus que la candidate Ségolène Royal. Et pourtant, dès 2006 les premiers déficits sont là, de l'ordre de 4 milliards d'euros, et le besoin de financement s'annonce rapidement croissant pour la décennie 2010. La projection du Comité d'orientation des retraites (COR) en 2007 prévoit déjà un déficit de 10 milliards d'euros en 2008 et de 25 milliards en 2020[9]. Le Président mais aussi l'opposition auraient dû être alertés par ces projections accablantes pour la prochaine décennie. La profonde crise économique et financière de 2008-2009 va accélérer la dégradation des comptes des régimes de retraite et imposer un nouvel agenda.

En janvier 2010, le Président constate qu'une retraite sur dix n'est pas financée par les recettes et qu'il convient d'emprunter pour la payer. Il annonce un déficit pour cette année de l'ordre de 30 milliards d'euros pour l'ensemble des régimes et lance enfin le débat sur la réforme. La somme est vertigineuse et il faudra bien sûr emprunter sur les marchés financiers, déjà très sollicités par les demandes d'emprunts liées aux déficits publics de l'État. Les perspectives à long terme sont affolantes. Le COR évalue alors le déficit à 40 milliards d'euros en 2020 et à 72 en 2050,

8. Juppé A., Rocard M. (2011), *La politique telle qu'elle meurt de ne pas être, un débat conduit par Bernard Guetta*, J.-C. Lattès, p. 139.

9. De l'ordre de 70 milliards en 2050.

sans exclure qu'il puisse alors atteindre 100 milliards ! C'est évidemment intenable à long terme[10].

Quand on est en déficit, on court le risque de devoir couper brutalement dans les pensions. Ce n'est malheureusement pas une vision purement théorique et il suffit de jeter un œil sur le monde qui nous entoure pour s'en convaincre. La crise de l'endettement en Grèce en 2010 et l'impossibilité de poursuivre le financement des retraites par l'endettement ont conduit le gouvernement à réduire d'environ 15 % les retraites. La Japan Airlines n'avait pas anticipé le vieillissement de ses employés et n'avait pas réformé son régime de retraite : en faillite, la compagnie a réduit de 30 % les retraites.

Comment en arrive-t-on à cette situation ? Il faut y voir le double effet de la crise économique et de la démographie, autrement dit du nombre croissant de retraités, dans un contexte inchangé de financement.

L'impact de la crise et de la récession de 2009 ainsi que les faibles perspectives économiques pèsent considérablement. La crise a avancé les échéances de dix ans[11]. L'emploi a reculé et le chômage bien sûr a bondi jusqu'à un taux d'environ 10 %, et on ne peut guère espérer un reflux rapide du chômage et donc des baisses de cotisations sociales pour améliorer en contrepartie le régime des retraites.

Ce vieillissement se caractérise concrètement par l'arrivée en grand nombre de nouveaux retraités. Il est bien loin

10. C'est le scénario A du COR (2010). La somme des déficits de 2006 à 2050 représenterait ainsi 70 % du PIB en 2050 !

11. Les projections de l'INSEE de 2006 prévoyaient un déficit de 15 milliards d'euros en 2015, de 25 milliards en 2020 et de 47 milliards en 2030.

le temps où Bismarck (1880) fixe la retraite à 65 ans en sachant que l'espérance de vie est inférieure à cet âge. La population de retraités est rapidement passée de 12 millions en 2000 à 15 millions en 2008, ce qui explique en l'occurrence les premiers déficits dès 2006 ; mais elle devrait atteindre environ 21 millions en 2035. Dans un régime de retraite par répartition, le maintien des retraites devient alors impossible sans source de financement supplémentaire ou sans faire reculer l'âge de départ à la retraite.

Le ratio entre cotisants et retraités illustre la capacité à financer les retraites ; alors que 4 cotisants finançaient 1 retraité en 1960, ils ne seront plus que 1,5 en 2020, 1,2 en 2050, si rien ne change. Le cotisant actuel a beau être plus riche qu'en 1960, les retraites sont aussi plus élevées ! Une nouvelle réflexion sur le financement du système de retraite par répartition s'impose donc.

On a longtemps cru que notre fécondité pourrait sauver notre système de retraite, contrairement aux Allemands qui font peu d'enfants et dont la population active diminue. On a oublié que l'arrivée à l'âge de la retraite des nombreuses générations du baby-boom met aussi en danger un système de pensions plus généreuses qu'en Allemagne[12]. Ce haut niveau de nos pensions, si on veut le maintenir ou le préserver, nous impose de réformer autant que l'Allemagne.

12. La France est en tête pour le niveau de vie des plus de 65 ans rapporté à celui de l'ensemble de la population, au sein des pays de l'OCDE (COR, janvier 2010).

Après la réforme des retraites de 2010, toujours des déficits en vue !

Quelles sont les orientations qui se présentent pour arriver à l'équilibre financier en 2020 ? Faisons pour le moment abstraction de toutes autres considérations, y compris de justice sociale. Elles sont au nombre de quatre :

– retarder le départ à la retraite de plus de quatre ans. Est-ce inconcevable pour une bonne partie des actifs ? Il faut savoir que, depuis le vote de la retraite à 60 ans en 1983, un retraité vit quatre ans de plus. De manière équivalente, on peut pronostiquer qu'une personne qui partirait aujourd'hui à la retraite à 65 ans profiterait autant de sa retraite qu'un retraité de 1983 ! Cette option suppose que les seniors concernés ne seront pas au chômage durant ces années supplémentaires de travail ;

– faire progresser moins vite la pension moyenne que le revenu moyen. La pension moyenne serait alors plus basse de 22 % que le revenu moyen en 2020. Le niveau de vie d'un retraité deviendrait bien inférieur à celui d'un actif ;

– hausser le taux de prélèvement des cotisations sociales de 5 %. Le revenu net d'un actif est donc abaissé de 5 %. C'est une chute sévère du pouvoir d'achat des salariés qui s'annonce ;

– trouver un financement supplémentaire de 40 milliards en 2020 et bien plus au-delà. L'État étant très endetté, la tentation est forte de se tourner vers les revenus du capital et d'y trouver la solution miracle ; on reviendra sur cette problématique.

Si l'on cherche à réaliser l'équilibre financier en 2050, c'est évidemment encore plus dur ; par exemple il faudrait partir à la retraite à 70 ans ! Face à ces orientations, la réforme 2010 des retraites a remis en cause la retraite à 60 ans, l'une des grandes réformes du premier septennat de François Mitterrand. L'âge de départ à la retraite augmentera progressivement, jusqu'à 62 ans en 2018, mais aussi celui de l'âge de départ sans décote sur sa pension, de 65 ans à 67 ans. En fait, le calendrier de la réforme a été accéléré d'un an à compter du 1er janvier 2012, l'âge légal passant à 62 ans en 2017[13].

Cette réforme, qui visait à rétablir l'équilibre financier à l'horizon 2020, peut-elle atteindre son but ? En gros, le déficit du régime des retraites devrait passer de 30 milliards en 2010 à 16 milliards en 2020[14]. En conséquence, la France aura à emprunter plus de 200 milliards d'euros sur les marchés financiers durant cette décennie pour maintenir son système de retraite. C'est énorme et ça laissera d'autant moins de place aux investissements d'avenir (éducation, formation, infrastructures).

En réalité, la facture devrait être encore plus salée, car les prévisions sont basées sur un scénario, celui du COR, qui apparaît à bien des égards optimiste. Qu'on en juge : le chômage est supposé redescendre à 7 % en 2015 ; or, depuis désormais vingt-cinq ans, notre taux de chômage a toujours été supérieur à 8 %[15]. Autre hypothèse optimiste,

13. Pour les générations nées en 1955 et après.

14. En octobre 2010, le gouvernement a révisé à la hausse ces déficits pour tenir compte des nouvelles prévisions économiques. Le déficit pour 2020, avant la réforme, est estimé à 47 milliards d'euros ; l'impact des mesures d'âge serait de 20 milliards, les nouvelles ressources de 8 milliards, les transferts de cotisations Unedic (plus importants que prévu) seraient de 3 milliards. L'effort de l'État restera donc de l'ordre de 16 milliards.

15. Seules exceptions notables, les années 2001 et 2008.

la progression moyenne du salaire serait annuellement de 1,8 % ; or, de 2001 à 2007 (avant donc la crise), ce rythme n'a été que de 1,2 %. Avec d'autres scénarios moins optimistes, il y a tout de suite de nombreux milliards à la clé chaque année.

En outre, un fonds de réserve des retraites[16] avait été constitué dès 2001 en vue des temps durs, après 2020. Contrairement aux engagements, ce fonds de réserve est utilisé à partir de 2011 au financement de la Cades. Comment redonner confiance aux jeunes générations lorsqu'on fait main basse sur des ressources qui étaient destinées à alléger leur contribution après 2020 ?

Ainsi, la réforme 2010 aura oublié en route l'objectif d'équilibre financier en 2020 et au-delà. C'est d'autant plus regrettable que ce n'est pas « mission impossible ». De nombreux pays développés, confrontés au même problème, ont profondément réformé leurs régimes de retraite. Une réforme structurelle particulièrement exemplaire est celle menée en Suède en vue d'une retraite « choisie » (voir l'encadré ci-dessous) ; désormais les Suédois partent à la retraite bien au-delà de 61 ans, sans passer par la case « chômage » et sans inquiéter les jeunes générations sur la pérennité du système.

À l'évidence, cette réforme française de 2010, au travers des débats passionnés qui l'auront accompagnée, aura contribué à faire profondément évoluer les esprits vers la difficile prise de conscience des énormes enjeux à venir. Mais elle n'est pas de nature à rassurer les jeunes générations sur l'avenir du système de retraite. Ils craignent d'être la dernière génération à beaucoup cotiser pour obtenir en définitive une faible retraite. Passer d'une situation financièrement

16. En 2012, environ 35 milliards d'euros.

La retraite « choisie » ou l'exemple suédois

C'est un cas intéressant pour nous Français, car le système de retraite suédois présentait alors beaucoup d'analogies avec le nôtre : un système basé sur la répartition, des prestations définies sur la base du salaire moyen des quinze meilleures années et des déficits récurrents.
La Suède a mis dix ans à réaliser une réforme radicale de son système de retraite après la grave crise économique et financière qui la secoue en 1991-1993 ; le système de retraite suédois est alors menacé de faillite. Plutôt que d'ajuster l'ancien système de retraite, les Suédois décident en 1998 de mettre progressivement en place un système entièrement nouveau, mais toujours par répartition :
– la retraite « choisie » peut se prendre entre 61 et 67 ans, avec un système de décote et de surcote. En moyenne, l'âge de départ à la retraite est de 65 ans ;
– le taux de cotisation est stabilisé avec une répartition d'environ 40 % pour les salariés et 60 % pour les employeurs ;
– le système est principalement basé sur l'existence de comptes notionnels[17]. Le montant des retraites au fil des générations prend en compte les gains d'espérance de vie. L'équilibre financier est maintenu en permanence grâce à un « mécanisme correcteur automatique ».
Dès l'âge de 26 ans, un Suédois reçoit chaque année une enveloppe « orange » avec une estimation des montants de pension qu'il pourrait percevoir à 61, 65 et 70 ans, s'il continue à travailler à son niveau actuel de rémunération. Ce système de retraite rassure les jeunes actifs en leur donnant de la visibilité sur les futures pensions. Les seniors peuvent aussi reprendre une activité après leur départ en retraite et l'interrompre quand bon leur semble, au bénéfice d'une future pension revalorisée.

catastrophique pour 2020 à une situation qui l'est un peu moins n'est sûrement pas de nature à les faire changer

17. Il y a parenté avec le compte par points. Chaque assuré acquiert un capital virtuel de droits à retraite qui reflète les cotisations versées, mais la valeur de ce point capital varie en fonction de l'espérance de vie de la génération de l'assuré et de son âge au moment du départ à la retraite.

d'avis ; ce qui peut les conduire à davantage épargner (retardant ainsi la sortie de la crise économique actuelle) ou bien à soutenir le développement de fonds de pension à l'américaine.

L'injustice faite aux jeunes, aux femmes, aux seniors et aux métiers pénibles

Au-delà de la persistance des déficits, il y a bien d'autres raisons de trouver que cette réforme est une occasion ratée.

La « nouvelle » vie professionnelle, celle des jeunes actifs, n'a pas été prise en compte. Compte tenu de la flexibilité croissante du travail, les actifs changent désormais plus fréquemment d'emplois tandis qu'ils connaissent un chômage intermittent. Ce sont de plus en plus des « polypensionnés », c'est-à-dire des assurés ayant cotisé à plusieurs régimes de base. Or déjà la moitié des assurés âgés de 40 ans sont des futurs polypensionnés.

La complexité du système de retraite actuel, avec plus de 30 caisses aux règles illisibles pour nos concitoyens, est la source de profondes injustices, compte tenu de l'absence de règles d'harmonisation entre les régimes. La présence de seuils d'activité dans certains régimes peut vous faire perdre des trimestres. Alors que ces polypensionnés seront de plus en plus nombreux et que l'économie est censée encourager la mobilité, il y a là une première source d'injustice, tout particulièrement envers les jeunes actifs.

Ils ne peuvent aussi qu'être révoltés devant les retraites excessives. Le souci de la justice sociale aurait dû conduire à supprimer les retraites indécentes que sont les retraites chapeaux (voir l'encadré) comme l'a soutenu Martin Hirsch, le haut-commissaire aux Solidarités actives contre la pauvreté.

Le déni de justice sociale : les retraites chapeaux et les carrières longues

« À l'heure où se finalise la réforme des retraites, il serait logique, et juste, d'y introduire la suppression pure et simple de ces retraites chapeaux », écrivait, en juin 2010, Martin Hirsch[18].

Ces retraites chapeaux, ces généreuses pensions supplémentaires dont bénéficient à vie les dirigeants des grandes entreprises françaises, donnent le tournis, avec des retraites annuelles de un à plusieurs millions d'euros[19]. C'est d'autant plus scandaleux que l'entreprise peut compromettre ses équilibres comptables pour assurer une retraite décidée en catimini, comme le dénoncent des jugements de justice. Lors de la dernière réforme, le gouvernement a bien prévu une taxe supplémentaire, mais elle n'est nullement rédhibitoire.

Pendant ce temps, les carrières longues sont particulièrement mal traitées. Ainsi, un ouvrier, qui a commencé à 19 ans sa carrière, obtiendra sa durée de cotisation (41,5 ans) à 60,5 ans. Mais il devra attendre jusqu'à l'âge de retraite à 62 ans, sans aucune hausse de retraite en perspective. Encore une inégalité de plus entre cadre et ouvrier.

La réforme des retraites ne corrige pas les inégalités hommes/femmes[20] ; au contraire, elle va les aggraver. En effet, les femmes se trouvent déjà pénalisées du fait de carrières souvent interrompues par la naissance et l'éducation des enfants, ce qui les conduit à retarder leur retraite. La situation des femmes, avant la réforme, pointe déjà cette

18. *Les Échos* (2010), « Le point de vue de Martin Hirsch. Supprimons les retraites chapeaux », 9 juin.

19. En fait, les entreprises versent à un public plus large des retraites dites aussi chapeaux mais dont le montant est bien plus faible, autour de 3 800 euros annuellement.

20. Rappelons que la différence de pension entre les hommes et les femmes est considérable (1 640 contre 1 020 euros mensuels). De plus, 50 % des femmes ont une pension inférieure à 900 euros, contre 20 % des hommes.

réalité ; pour la génération née en 1943, seulement 48 % des femmes ont liquidé leurs pensions à 60 ans contre 67 % des hommes, 37 % des femmes ont attendu l'âge de 65 ans contre 15 % des hommes.

Le recul de 65 à 67 ans de l'âge de la retraite sans décote les touchera tout particulièrement. Les femmes vont devoir travailler jusqu'à 67 ans ou sinon elles partiront avec des retraites incomplètes. On risque d'aboutir vers 2020 à un départ massif des femmes autour de 67 ans, ce qui sera sans doute un record féminin en Europe.

Une conséquence attendue est que le nombre de femmes pauvres va augmenter dans les prochaines années, alors que ce sont déjà les plus concernées par le minimum vieillesse. C'est un renversement de perspective qui se dessine sous nos yeux. Il faut reconnaître que, depuis les années 1960, le taux de pauvreté parmi les retraités n'a cessé de baisser, au point de devenir inférieur à celui des actifs. À l'avenir, ce grand progrès est menacé.

Les seniors qui devront prolonger leur carrière jusqu'à 62 ans sont inquiets car la moitié d'entre eux est déjà au chômage à 60 ans. Rester deux ans de plus au chômage n'est pas fait pour les rassurer, et les comptes de l'assurance-chômage vont se dégrader davantage. La réforme actuelle n'aura pour seul effet que d'allonger la durée de chômage des seniors, faute de politique d'accompagnement pour l'emploi des seniors en entreprises.

La pénibilité devait être un sujet de la réforme et cette annonce avait créé une forte attente des salariés. La déception est au rendez-vous devant les mesures annoncées. Avec un taux d'invalidité d'au moins 20 % pour conserver un départ à la retraite à 60 ans, le gouvernement a mis la barre très haut ; seulement 10 000 cas de pénibilité sont envisageables annuellement dans ces conditions. C'est une goutte d'eau, compte tenu des 800 000 départs en retraite en moyenne. En 2011, le bilan est encore plus maigre qu'attendu avec seulement 1 200 retraites attribuées en six mois.

En réalité, la réforme est seulement entrée dans une logique d'accidents du travail et de maladies professionnelles alors qu'il est aussi légitime de prendre en compte les métiers pénibles. Prenons l'exemple du travail posté qui provoque une usure prématurée du salarié et a un effet sur l'espérance de vie des seniors, selon l'avis général des médecins. Cela n'est pas forcément visible à 60 ou 62 ans. En outre, la réforme ignore complètement le travail posté alors que le patronat et les syndicats étaient tombés d'accord en 2008 pour le considérer comme travail pénible.

Les enquêtes montrent qu'environ 30 % des 55-64 ans ont des limitations physiques dans les activités usuelles, compte tenu de leur état de santé. Les différences socioprofessionnelles ont des conséquences sur l'espérance de vie (quatre années de différence entre un cadre et un ouvrier) et confortent ce diagnostic.

Une conclusion majeure mérite d'être tirée. À l'approche de la soixantaine, une proportion importante de personnes ont des problèmes de santé qui les handicapent et une espérance de vie notablement réduite. Ce sont souvent des travailleurs aux métiers pénibles qui aspirent à abandonner un métier usant. Dès lors, on ne peut mettre cadre et ouvrier à la même enseigne et le report systématique pour tous de l'âge de la retraite est injuste. C'est aussi un facteur d'aggravation de la santé des plus fragiles, ce qui ne manquera pas d'avoir un impact sur les dépenses de santé.

Ainsi, la justice sociale plaide pour une large reconnaissance des métiers pénibles, bien au-delà des critères d'invalidité retenus par la réforme de 2010.

La dépendance : encore financée par les actifs et les jeunes ?

Plus de 40 % des Français de plus de 50 ans sont confrontés au problème de la perte d'autonomie d'un proche. S'occuper d'une personne dépendante nécessite beaucoup de sacrifices, qu'ils concernent la vie familiale, le temps libre, voire sa propre santé ou encore le pouvoir d'achat. Pas étonnant que la moitié des Français soient anxieux face à ce problème et que 70 % d'entre eux constatent qu'ils ne disposent pas (probablement ou certainement) de moyens financiers pour y faire face ! On comprend alors que 5 millions de Français de tous milieux aient déjà souscrit à une assurance-dépendance, sans attendre que l'État-providence s'en préoccupe. Cependant, n'exagérons pas les risques : seulement 15 % d'une génération atteignant l'âge de 65 ans deviendront dépendants.

D'ores et déjà, 1,1 million de personnes bénéficient de l'allocation personnalisée d'autonomie (APA). Et l'effort national en faveur de la dépendance est conséquent, avec 24 milliards d'euros (soit 1,2 % du PIB).

Parmi les causes de la perte d'autonomie, la maladie d'Alzheimer et les maladies apparentées – maladies anciennement dénommées « démence sénile » – sont désormais un véritable fléau qui touche environ 860 000 personnes. À chaque fois, c'est un drame pour les malades et leur entourage.

Les projections font frémir : si aucun traitement n'est trouvé, environ 1,2 million de personnes pourraient être concernées en 2020, 2,1 millions en 2040, dans l'hypothèse d'une prévalence constante de la maladie[21]. Heureusement,

21. Dubois B. (2009), « L'exemple de la maladie d'Alzheimer », *Risques. Les Cahiers de l'assurance*, n° 78 (numéro spécial), juin.

de nombreux médecins sont optimistes en ce qui concerne la mise au point de médicaments, compte tenu des progrès majeurs réalisés au cours de ces vingt dernières années dans la connaissance de la maladie. Ce fléau est mondial (les États-Unis ont 4,5 millions de malades) et une mobilisation internationale est en cours. Face à ce défi pour la France, le président Nicolas Sarkozy a lancé en février 2008 un programme de lutte contre cette terrible maladie sur les fronts scientifiques, médicaux et sociaux.

Malgré des budgets sans cesse en augmentation en faveur des personnes dépendantes, il n'y a pas assez de centres de jour, ni d'établissements d'hébergement pour personnes âgées dépendantes (Ehpad), tandis que ces derniers manquent souvent de personnel. Prenons l'exemple de Paris avec ses 30 000 personnes dépendantes ; les 7 700 places existantes en Ehpad ne suffisent pas, et la mairie prévoit 2 200 places supplémentaires d'ici 2014. Paris a beau être une ville riche, la difficulté à trouver des terrains demeure.

Une réforme d'envergure s'impose donc. Elle devra tenir compte de l'avenir qui s'annonce préoccupant. Bien sûr, la prévision à long terme du nombre de personnes dépendantes est très incertaine, car tout dépendra des progrès de la médecine, comme la découverte de médicaments contre la maladie d'Alzheimer, ou du recul de l'état de santé des Français avec la progression par exemple de l'obésité. Des effets paradoxaux et inattendus sont possibles : si on soigne mieux les maladies cardiaques, on vivra plus longtemps et on aura donc plus de malades d'Alzheimer ! Néanmoins, on peut raisonnablement estimer que le nombre de personnes dépendantes pourrait atteindre environ 1,7 million d'ici 2035.

Lors de l'élection présidentielle de 2007, Nicolas Sarkozy avait mis à l'ordre du jour le « cinquième risque », autrement dit, la création d'une cinquième branche de la Sécurité sociale : « Je créerai une cinquième branche de la protection sociale pour consacrer suffisamment de moyens à la perte d'autonomie et garantir à tous les Français qu'ils pourront rester à domicile s'ils le souhaitent[22]. » Une nouvelle loi sur la dépendance, initialement prévue en 2010, est reportée, mais des propositions sont émises par la députée de la majorité Valérie Rosso-Debord[23] (voir l'encadré). Cette dernière recommande une assurance-dépendance obligatoire à partir de 50 ans, ainsi que le possible prélèvement sur le patrimoine, si celui-ci est supérieur à environ 100 000 euros. Elle prévoit de revoir à la hausse les taux de CSG des retraités.

Tout le monde s'accorde sur la nécessité d'engager des efforts supplémentaires en faveur de la dépendance. Le véritable débat se situe donc sur son financement et sur les contributeurs : retraités, seniors ou actifs ?

La proposition Rosso-Debord centre le financement sur les actifs de plus de 50 ans et sur les retraités, et épargne donc une grande partie des actifs et surtout les plus jeunes. En effet, les adultes confrontés à la dépendance de leurs parents, âgés de plus de 85 ans en moyenne, ont déjà dépassé 50 ou 60 ans. Ces adultes ont souvent fini d'élever leurs enfants et de payer les emprunts de leur habitation. Autrement dit, ils disposent d'une plus grande aisance financière que les jeunes actifs tandis qu'ils deviennent plus sensibles à ce risque. La proposition d'une assurance

22. Les quatre branches actuelles sont la maladie, la vieillesse, la famille et les accidents du travail. Lettre de Nicolas Sarkozy, adressée aux Français pour leur présenter son programme électoral le 29 mars 2007.

23. Rosso-Debord V. (2010), *Rapport d'information déposé par la Commission des affaires sociales en conclusion des travaux de la mission sur la prise en charge des personnes âgées dépendantes,* Assemblée nationale, n° 2647, 23 juin.

Les propositions des pouvoirs publics en juin 2010

Le périmètre des dépenses entrant dans le champ de la dépendance a été conventionnellement défini comme les dépenses de dépendance, d'hébergement et de santé des personnes en perte d'autonomie. Les dépenses publiques de dépendance représentent en 2010 près de 24 milliards d'euros (1,22 % PIB), dont 14 de dépenses de santé, 7,5 de dépenses de dépendance et 2 milliards de dépenses d'hébergement. Les dépenses privées (ticket modérateur, reste à charge en établissement) sont de 7 milliards d'euros (0,35 % PIB).

Le rapport de la députée Valérie Rosso-Debord propose les orientations suivantes :

– rendre obligatoire la souscription d'une assurance perte d'autonomie dès l'âge de 50 ans, et assurer son universalité progressive par la mutualisation des cotisations ;

– réserver le bénéfice de l'APA aux personnes les plus dépendantes (classées dans les groupes iso ressources 1 à 3 de la grille AGGIR[24]) ;

– permettre pour les demandeurs de l'APA possédant un patrimoine d'au moins 100 000 euros le choix entre une allocation à taux plein pouvant être récupérée sur la succession future du bénéficiaire pour un montant maximal de 20 000 euros[25] et une allocation réduite de moitié, sans pénalisation de la succession du bénéficiaire ;

– revoir à la hausse les taux de la CSG applicables aux pensions de retraite et appliquer un taux de 7,5 % aux montants les plus élevés ;

– faire participer à la contribution solidarité autonomie les professions jusqu'à présent exemptées (professions libérales, agriculteurs...).

obligatoire à partir d'environ 50 ans a donc une cohérence évidente.

24. Cette grille (Autonomie, Gérontologie, GIR) permet d'évaluer le degré de dépendance ; ces degrés sont répartis en six groupes appelés GIR (groupe iso ressources).

Les GIR 4 ne toucheraient donc plus l'APA. Il s'agit des personnes âgées qui peuvent se déplacer à l'intérieur de leur logement, mais qui doivent parfois être aidées pour leur toilette ou leur habillage.

25. Le prélèvement serait donc au maximum de 20 % de la suc-

La réponse alternative consisterait à faire cotiser tous les actifs, y compris les plus jeunes ; faut-il envisager une telle contribution au titre d'une future protection qui pourrait se révéler précieuse soixante ans plus tard ? Bien sûr, la cotisation sera plus faible si on l'étend aux jeunes actifs : est-ce pour autant une raison ?

Le débat s'est poursuivi en 2011 et a été une nouvelle fois reporté… après l'élection présidentielle de 2012. Un syndicat comme la CFDT s'est courageusement positionné en faveur de la hausse de la CSG pour les retraités. Mais les soutiens à cette position se font plutôt rares… De même, le possible prélèvement sur le patrimoine ne paraît guère susciter d'adhésion. Et les idées d'une deuxième journée de solidarité et d'une assurance obligatoire pour tous les actifs refont surface dans le débat. Autrement dit, la tentation est grande de recourir à la solution classique du prélèvement sur les actifs, y compris les plus jeunes !

---

cession. Par ailleurs, plus du tiers des bénéficiaires de l'APA jouissent d'un patrimoine de plus de 200 000 euros.

Chapitre 2

Les jeunes, les oubliés de la protection sociale

Tandis que les baby-boomers arrivent massivement à la retraite, les jeunes générations vont constituer une ressource rare, qui mérite à ce titre toute notre attention. La situation est pour le moins paradoxale et le malaise se répand dans la société française sur l'accueil réservé aux jeunes entrant dans la vie active. « La France n'aime pas ses jeunes[1] », telle est la conclusion désormais de certaines enquêtes !

Comment la protection sociale traite-t-elle les jeunes générations, dans la phase d'achèvement des études et d'insertion dans la vie active ? Cette question est primordiale pour l'avenir de la protection sociale et sa légitimité aux yeux des jeunes générations, qui auront financièrement à supporter le choc de la longévité croissante des papy-boomers.

Un million de chômeurs de moins de 30 ans

C'est le triste bilan du chômage, marqueur impitoyable de l'accueil réservé à une jeunesse ne désirant qu'une chose, s'insérer dans le monde du travail. Pour corser le tout, environ 150 000 jeunes sont des chômeurs de longue durée. « L'insertion des jeunes dans l'emploi est un processus complexe, souvent synonyme de chômage et de précarité »,

1. Voir *Enjeux-Les Échos*, février 2011.

conclut le dernier rapport du Conseil d'orientation pour l'emploi paru en février 2011 (voir l'encadré ci-après).

Le taux de chômage parmi les jeunes de 15-24 ans, autrement dit ceux qui ne sont pas en formation et qui cherchent donc un emploi, a sensiblement augmenté depuis le début de la crise économique puisqu'il est passé de 18 % en 2008 à 24 % en 2011. Le taux de chômage des moins de 30 ans a même bondi à 17 %, un niveau jamais atteint depuis 1975.

Il faut bien reconnaître qu'un mauvais départ dans la vie active est souvent difficile à rattraper, car il expose les jeunes à une stigmatisation de longue durée ; on sait que les entreprises sont réticentes à embaucher ceux qui n'ont pas travaillé pendant la crise, et de plus préfèrent embaucher des diplômés… qu'elles paieront moins bien. Ce que tous les rapports confirment[2].

Avec la crise, l'écart se creuse entre les diplômés et les non-diplômés. Car le diplôme reste une valeur sûre pour intégrer le marché du travail. C'est ce que démontre la dernière étude réalisée en 2011 par le Centre d'études et de recherches sur les qualifications (Cereq). Ainsi le taux d'emploi des diplômés du supérieur (au bout de 3 ans) de la génération 2007 est toujours élevé (passage de 87 à 85 %). En revanche, celui des non-diplômés (ni CAP-BEP ni baccalauréat) a bien davantage souffert de la crise et a encore baissé, passant de 56 % à 49 %.

Environ 50 % des sans-diplômes sont sortis de l'emploi au bout de trois ans. Cette situation catastrophique signe une fois de plus l'échec du système scolaire, la proportion

2. Par exemple, voir le dernier rapport « Les tendances de l'emploi pour les jeunes » publié par l'Organisation internationale du travail (OIT) en 2010.

L'insertion des jeunes dans l'emploi

Un jeune de moins de 25 ans sur dix est au chômage, ce qui est relativement peu car beaucoup de jeunes sont en formation[3]. Mais parmi les jeunes actifs (donc n'étant plus en formation), un sur quatre est au chômage. Ces taux sont élevés depuis les années 1980. Le taux de chômage des jeunes est d'autant plus faible que le niveau de diplôme est élevé.

Les jeunes ont été plus touchés par la crise que les autres. Environ 24 % des jeunes Français (15-24 ans) sont au chômage contre seulement 7 % aux Pays-Bas et 12 % en Allemagne. En revanche, ils restent au chômage moins longtemps que les salariés plus âgés. Cependant, 26 % des jeunes (15-29 ans) sont en chômage de longue durée (plus d'un an).

Trois ans après la fin des études, environ 1 jeune sur 4 est en situation de déclassement, 1 jeune sur 3 pour les diplômés du supérieur. Les jeunes qui ont les plus grandes difficultés d'insertion professionnelle sont ceux dont la formation initiale est insuffisante ou inadaptée à l'emploi et ceux qui sont victimes de discriminations. Préoccupante est la situation des « jeunes laissés-pour-compte », c'est-à-dire des jeunes qui ne sont ni en emploi, ni scolarisés, ni en formation, et qui n'ont pas achevé le deuxième cycle du secondaire. En 2008, ils représentaient 9 % des jeunes (moins de 30 ans) ; avec la crise, ils sont désormais 13 % au deuxième trimestre 2010.

La ségrégation de la jeunesse liée à l'origine ainsi qu'au lieu d'habitation est préoccupante : 79 % des jeunes nés de parents français étaient en emploi trois ans après leur entrée sur le marché du travail et 11 % au chômage, contre respectivement 59 % et 26 % pour les jeunes d'origine maghrébine[4]. Quant au taux de chômage des moins de 25 ans habitant dans une zone urbaine sensible, il atteignait 30 % pour les femmes et 42 % pour les hommes.

de jeunes sans diplôme (1 sur 6) n'évoluant plus depuis les années 1990, après des décennies de recul.

3. Rappelons que 65 % d'une classe d'âge obtiennent en 2009 le baccalauréat, que plus des trois quarts des bacheliers poursuivent leurs études et que 40 % d'une génération obtiennent désormais un diplôme du supérieur. Cependant 19,5 % des jeunes – soit 140 000 personnes – quittent l'école sans diplôme du secondaire.

4. Selon l'enquête publiée par le Cereq en février 2011.

En outre, la précarité des jeunes ne cesse de croître et est devenue structurelle. Désormais, 75 % des embauches des jeunes de moins de 25 ans s'effectuent sous la forme de CDD. Pour les moins de 30 ans, c'est 25 % des emplois en CDD, contre seulement 16 % pour l'ensemble de la population active.

La situation s'est même aggravée pour les diplômés, jusque-là relativement épargnés par les crises précédentes. Par exemple, la part des CDI est passée de 61 % en 2007 à 47 % en 2009, tandis que la part des CDD et de l'intérim croissait. Mais dans la fonction publique, la situation est pire. Les tendances dépassent l'entendement : 38 % des jeunes de moins de 30 ans qui y travaillent ont un CDD ou un contrat aidé, contre 14 % pour l'ensemble des salariés de la fonction publique.

La tendance générale, révélée par les études en matière de recrutement des jeunes[5], est encore plus préoccupante : la priorité est donnée aux stages et à l'alternance, tous niveaux de diplôme confondus. Pour les moins diplômés, l'intérim est utilisé à plus de 60 %. Les stages sont plébiscités par les employeurs comme mode de recrutement des bacs + 5. Force est de s'interroger : le CDI est-il en train de disparaître de l'horizon ?

Et pourtant, l'emploi durable des jeunes est une priorité pour tous les gouvernements depuis les années 1980. L'abaissement de l'âge de la retraite de 65 à 60 ans devait alors susciter l'embauche des jeunes. Depuis les années 1990, les généreuses préretraites étaient justifiées par les embauches de jeunes qu'elles allaient sûrement induire. On ne compte plus le nombre de mesures ou de dispositifs censés favoriser l'emploi des jeunes, diplômés ou pas. Le

5. Par exemple, l'enquête « Insertion des jeunes » publiée par l'Association nationale des DRH (ANDRH) en janvier 2011.

10 février 2011, le président Nicolas Sarkozy annonçait 500 millions d'euros supplémentaires pour la politique de l'emploi en faveur des jeunes et des chômeurs de longue durée. La loi de modernisation du marché du travail de 2008 a réaffirmé que le CDI est « la forme normale et générale de la relation de travail » !

Devant de tels échecs, il est temps de se questionner à nouveau, le processus de vieillissement en cours rendant insupportable cette situation faite aux jeunes. Le maintien d'un haut niveau de protection sociale ne peut reposer à l'évidence que sur l'intégration rapide et réussie des jeunes par le marché du travail, en ne laissant personne de côté.

Une assurance-chômage devenue inadaptée pour les jeunes générations

La crise économique financière de 2008-2009 a mis fin au recul du chômage observé à partir de 2005. À mi-2012, le chômage concerne 3 millions de personnes, en réalité plus de 4 millions si on tient compte de ceux qui travaillent épisodiquement ou à temps partiel.

D'importants déficits de l'Unedic sont de retour : 3 milliards d'euros en 2010 et 2011, soit environ 10 % des recettes des cotisations des employeurs et des salariés[6]. Un tel déficit en situation de crise est parfaitement justifié car il faut faire face à l'afflux d'un nombre supplémentaire de chômeurs, de l'ordre de 700 000 chômeurs en deux ans. Mais il existait déjà une dette avant la crise, alors que l'Unedic aurait dû engranger des excédents pour faire face à la future crise.

6. Rappelons que les cotisations sont de 4 % (du salaire brut) pour les employeurs et de 2,4 % pour les salariés depuis 2007.

L'évolution de l'assurance-chômage

Trois grands objectifs sont assignés au régime d'assurance-chômage :
– maintenir la consommation des demandeurs d'emploi, à l'aide d'un revenu de remplacement ;
– favoriser l'appariement entre offre et demande de travail et sécuriser les parcours professionnels ;
– redistribuer les revenus entre salariés, demandeurs d'emploi, entreprises et secteurs (par la mutualisation des risques).
Cette institution a profondément évolué depuis trente ans, en fait depuis les années 1980 qui voient surgir un chômage de masse dont la France n'a jamais réussi à sortir. Les durées d'indemnisation ont été fortement réduites depuis les années 1990, tandis que l'accès à indemnisation devenait plus facile. La réforme de l'assurance-chômage réussit en quelque sorte à contenir les dépenses, tandis que celles du RMI s'envolaient.
À l'évidence, ce système d'assurance-chômage n'arrive pas à sécuriser les trajectoires professionnelles, ce qui suscite de nombreux travaux, sans conclusion pour le moment.

Évidemment, tout indique qu'en 2012 le déficit sera encore plus important et que la dette se creusera encore[7]. Le problème de l'adéquation du régime d'assurance-chômage est de nouveau posé, avec d'autant plus d'acuité qu'un retour rapide à la situation d'avant la crise paraît exclu à court terme.

Face à cette réalité préoccupante, deux questions émergent : ce système d'assurance-chômage est-il généreux, notamment par rapport aux autres régimes des pays européens ? Est-il adapté aux nouveaux parcours professionnels ?

Ce système est indiscutablement généreux[8]. En effet il

7. En 2012, un déficit de 4,3 milliards est attendu ; la dette cumulée devrait passer de 11 à 15,3 milliards.

8. Centre d'analyse stratégique (2011), « Missions et enjeux de l'assurance-chômage : une mise en perspective internationale », *La Note d'analyse*, janvier.

garantit un haut niveau de remplacement du revenu, de l'ordre de 67 % en moyenne en début de la période de chômage, contre 52 % dans les autres pays ; ceci nous place derrière le Danemark mais devant la Suède, ce qui n'est pas courant ! C'est aussi le système français qui a le plafond d'allocation le plus élevé (5 800 euros nets mensuellement en 2009). Cependant, en contrepartie de ces avantages, le taux global de cotisations y est particulièrement élevé.

Mais depuis février 2009, c'est aussi celui qui rend plus facile l'accès à l'indemnité ; quatre mois d'emploi (initialement six mois) au cours des vingt-huit derniers mois suffisent à donner droit à une indemnisation. Dans le reste de l'Europe, il faut totaliser douze mois au minimum sur la même période. Grâce à la nouvelle convention d'assurance-chômage, on a indemnisé en deux années 313 000 demandeurs d'emploi dont 52 % sont des jeunes de moins de 30 ans et 30 % de moins de 25 ans.

Cette réalité nous interpelle sur la situation faite aux jeunes qui sont rapidement éliminés de tout dispositif d'indemnisation, faute d'avoir suffisamment travaillé. Jusqu'à présent, nous avons évoqué la situation des demandeurs d'emploi qui sont indemnisés. Or, 40 % des demandeurs d'emploi ne sont pas indemnisés en France[9]. Que constate-t-on alors ? Ce sont les femmes et les moins de 30 ans qui sont les plus nombreux parmi les demandeurs non indemnisés.

Ainsi, l'assurance-chômage, un des systèmes les plus généreux parmi ceux des pays développés, se désintéresse des femmes et des jeunes de moins de 30 ans qui n'ont pas réellement réussi à accéder au marché de l'emploi, risquant alors de tomber dans le déclassement et l'exclusion.

9. Soit 1,6 million de demandeurs d'emploi qui ne sont indemnisés ni par l'assurance-chômage ni par l'allocation spécifique de solidarité (ASS).

Ce constat invite à se questionner sur les nouveaux parcours professionnels. Depuis les années 1980, le marché de l'emploi est devenu de plus en plus flexible et de plus en plus réactif aux variations cycliques ; une illustration réside dans les contrats temporaires qui sont passés de 6,6 % des effectifs salariés en 1982 à 15,3 % en 2007. Désormais, de 20 à 30 % des salariés temporaires se retrouvent au chômage l'année suivante. Heureusement pour beaucoup de salariés (les deux tiers), les salariés temporaires ont trouvé un CDI au bout de trois ans ; le contrat temporaire est alors un marchepied efficace vers l'emploi pérenne. Mais ce n'est guère le cas pour les plus de 40 ans ou les salariés sans diplôme[10]. Autrement dit, la flexibilité du marché du travail n'est plus un vain mot ; cependant, elle est plus souvent subie que choisie[11].

La flexibilité excessive est désormais une vraie menace. Car « la flexibilité a augmenté plus vite que la sécurité des travailleurs », constate le Conseil d'analyse économique[12]. Cette flexibilité excessive due à l'augmentation des emplois temporaires est néfaste, car elle engendre une détérioration du capital humain, la formation étant sacrifiée dans ces emplois.

L'accès à la formation reste trop souvent le parent pauvre des parcours professionnels. La formation n'est pas au rendez-vous pour les chômeurs, moins de 10 % bénéficiant d'une formation.

La sécurité des trajectoires professionnelles, visant à mieux protéger les personnes, surtout les jeunes générations, devient une nouvelle exigence pour contrecarrer une flexibilité qui n'a cessé de croître. Déjà en 2004, le rapport

10. Les probabilités respectives ne sont plus que de 30 % et de 46 %.

11. Seuls 5 % des salariés ont changé d'entreprise entre 2007 et 2008.

12. Lemoine M., Wasmer E. (2010), *Les Mobilités des salariés*, Conseil d'analyse économique, n° 3, mai.

« De la précarité à la mobilité : vers une sécurité sociale professionnelle », de deux économistes, Pierre Cahuc et Francis Kramarz, préconisait de mettre en place une sécurité sociale professionnelle. En 2010, le rapport du député Pierre Morange a été présenté en conclusion des travaux de la mission sur la flexisécurité à la française et a proposé « une assurance professionnelle[13] ».

L'assurance-chômage, peu généreuse envers les jeunes générations, doit s'adapter aux nouveaux parcours professionnels. La flexibilité, devenue une réalité, n'est pas compensée par une plus grande sécurité, notamment celle liée à une formation permanente. C'est le nouveau défi auquel doit répondre l'assurance-chômage pour favoriser l'insertion durable des jeunes générations sur le marché de l'emploi.

Le RSA, sauf pour les moins de 25 ans !

Dès 1989, environ 400 000 personnes bénéficient du RMI (voir l'encadré ci-dessous) et Michel Rocard estimera qu'il a sauvé de l'absence de ressources près de 2 millions de Français. Après un âpre débat, cette réforme sera reconnue comme majeure et ne sera jamais remise en question.

Mais au fil du temps, une critique a été faite. Elle porte sur l'absence d'incitation à reprendre un emploi. Cette critique est levée par l'instauration du revenu de solidarité active (RSA) en 2009, remplaçant le RMI, suite à la proposition de Martin Hirsch. En 2011, environ 1,8 million de personnes percevaient le RSA, alors que 3,6 millions en bénéficiaient.

13. Morange P. (2010), *Pour une assurance professionnelle,* Rapport d'information n° 2462, Assemblée nationale, mai.

Du RMI au RSA

Le Revenu minimum d'insertion (RMI) a été instauré en 1988 par le gouvernement de Michel Rocard. Le bénéficiaire doit être âgé d'au moins 25 ans et ne pas avoir de revenus (ou inférieurs au RMI). Dans tous les cas, le système du RSA est plus généreux. Il comprend deux composantes :
– le « RSA socle », versé par les départements, correspondant aux anciennes allocations du RMI et de l'allocation de parent isolé (API) ;
– le « RSA activité », financé par l'État, s'ajoute au premier pour les personnes percevant les revenus d'activité. Le RSA diminue progressivement avec le revenu et s'éteint pour un seuil supérieur à celui des allocations qu'il remplace. Le RSA sans revenu d'activité est à 475 euros mensuels en 2012 et à 712 euros pour une personne avec un enfant ; le montant moyen du RSA activité versé est de 180 euros. D'une manière générale, il est estimé que le RSA accroît de près de 20 % le revenu des travailleurs pauvres. Les 25-34 ans du RSA socle représentent 35 % du total des bénéficiaires.

Les allocataires sont surtout des jeunes diplômés de plus de 25 ans qui sont sans travail, des jeunes après un échec scolaire, des jeunes mères de famille isolées suite à un divorce, ou encore des mères de famille plus âgées confrontées au chômage de leur mari. En fait, beaucoup de jeunes !

Mais les jeunes de moins de 25 ans, sans enfants, qui entrent sur le marché du travail n'ont droit à rien. Ni RSA ni indemnisation du chômage puisqu'ils n'ont jamais travaillé. La France maintient cette condition d'être âgé de 25 ans pour avoir accès au principal minimum social, contrairement à de très nombreux pays européens (Allemagne, Danemark, Finlande, Italie, Pays-Bas, Royaume-Uni, Suède)… qui ouvrent des droits à partir de 18 ans, voire à 16 ans.

Ainsi, la France cumule la situation d'avoir un des plus hauts taux de chômage des jeunes de 20 à 25 ans et de ne pas donner le bénéfice du revenu minimum à ces mêmes jeunes[14]. Conscient de cette situation, en janvier 2009, Martin Hirsch a présenté un « Livre vert » faisant des propositions pour permettre aux jeunes Français d'être plus autonomes et mieux insérés dans la vie active. « Aucun jeune ne peut être nul en tout », écrit Martin Hirsch ; il convient donc de valoriser leurs compétences, leurs potentiels et capacités tout en relevant leurs points forts.

Le Livre vert propose deux options, soit une « dotation d'autonomie », sorte de capital qu'un jeune pourrait utiliser, par exemple pour financer son permis de conduire ou se payer une formation, soit une allocation versée régulièrement, comme le revendiquent les syndicats étudiants. Ces financements auraient pu être servis en contrepartie des allocations classiques versées aux familles. Tous les jeunes, quelles que soient les ressources de leurs parents, bénéficieraient alors d'un « droit de tirage » universel d'environ 1 000 euros ; ceux issus d'un milieu modeste auraient droit à un capital supplémentaire d'environ 4 000 euros répartis sur quatre ou cinq ans. Enfin, certains jeunes auraient la possibilité d'emprunter auprès de la collectivité jusqu'à 10 000 euros, une somme qu'il leur faudrait rembourser une fois leur insertion dans l'emploi réussie.

Ces mesures méritaient d'être débattues, mais le résultat est décevant ! Le plan « Agir pour la jeunesse », annoncé en septembre 2009 par le président Nicolas Sarkozy, prévoit alors l'extension du RSA aux jeunes à condition d'avoir travaillé au moins deux ans dans les trois dernières années, ce qui est évidemment bien supérieur aux conditions exigées pour leurs aînés. Deux ans après, comme prévu, cette

14. Conseil d'analyse économique (2008), *Salaire minimum et bas revenus : comment concilier justice sociale et efficacité économique ?*, n° 79, novembre.

sévère restriction a eu raison du RSA jeunes : au maximum 10 000 jeunes pourraient en bénéficier annuellement. Le plan « Agir pour la jeunesse » n'a plus guère de contenu.

Dans l'esprit des responsables publics, l'heure n'est plus aux promesses pour les jeunes, car les déficits publics et sociaux sont là : les jeunes doivent attendre ! Autrement dit, les jeunes ont droit à la double peine : pas de minimum social, mais aussi la certitude de devoir plus tard contribuer au remboursement des dettes de leurs aînés.

De manière flagrante, cette attitude est contraire aux valeurs à l'origine de la protection sociale et tout particulièrement du programme du Conseil national de la résistance. Étant dans l'incapacité de se procurer des moyens d'existence par le travail, les jeunes chômeurs de moins de 25 ans devraient être secourus.

Le manque criant de logements sociaux

Se loger est devenu une préoccupation majeure des Français. Au moins 8 millions de personnes sont concernées par le mal-logement (voir l'encadré ci-après).

Tout le monde l'a constaté, les prix des logements ont plus que doublé dans les dix dernières années tandis que les revenus progressaient deux fois moins vite. Pour les ménages, le budget du logement est désormais de l'ordre de 25 %, alors qu'il était de 20 % en 1984. Mais les ménages les plus modestes consacrent jusqu'à 50 % de leur budget au logement. Il n'est alors pas étonnant de constater, comme le fait le Credoc[15], que la moitié de la population considère

15. Contre 34 % en 1980. Centre de recherche pour l'étude et l'observation des conditions de vie. Voir Bigot R. (2010), *Les Dif-*

Au moins 8 millions de personnes touchées par la crise du logement[16]

Parmi les 8 millions de personnes confrontées au mal-logement, on recense :
– 685 000 personnes privées de domicile personnel et 133 000 personnes sans domicile fixe ;
– 85 000 personnes résidant dans des « habitations de fortune » (baraques de chantier, mobile-homes, logements en cours de construction…) ;
– 38 000 personnes vivant à l'année dans des chambres d'hôtel, généralement dans des conditions d'habitat très médiocre (parfois des femmes sans-abri, accompagnées d'enfants mineurs…) ;
– environ 282 000 enfants adultes (de plus de 25 ans) contraints de revenir chez leurs parents ou grands-parents ;
– 2,9 millions de personnes vivant dans des logements inconfortables (immeubles insalubres, absence d'installation sanitaire ou de coin cuisine…) ou surpeuplés.
– 1,25 million de personnes en impayés locatifs et 730 000 personnes confrontées à un très mauvais fonctionnement de leur copropriété.
Plus de 5 millions de personnes sont en situation de réelle fragilité. En outre, 1,2 million de ménages sont en attente d'un logement social tandis que 91 000 ménages occupent un logement sans droit ni titre.
La procédure du droit au logement opposable (DALO) a été ouverte au 1er janvier 2008. L'État applique-t-il la loi ? 56 321 dossiers ont été jugés recevables par les commissions départementales de médiation depuis le 1er janvier 2008. Seulement 20 227 personnes ont été contentées. Contrairement aux engagements, tous les demandeurs n'ont pas été relogés ou hébergés. 5 226 recours ont été déposés pour faire condamner l'État à une astreinte financière pour chaque jour de retard.

---

ficultés de logement des classes moyennes et les besoins de mobilité résidentielle, n° R263, juin.

16. Les données suivantes sont issues de l'étude de l'INSEE (« Être sans domicile, avoir des conditions de logement difficiles », *INSEE Première*, n° 1330, janvier 2011) et de la Fondation Abbé Pierre (2011).

les dépenses de logement comme constituant une lourde charge. De nos jours, on dépense quasiment deux fois plus pour se loger que pour se nourrir ou se déplacer.

Pendant l'hiver 2010-2011, la fondation Abbé Pierre a déclaré l'« état d'urgence » pour la situation du logement. La crise du logement, renforcée par la crise économique, prend « un caractère des plus inquiétants tant dans ses effets que dans ce qu'elle révèle de l'inefficacité des politiques menées pour la contrer[17] ». On estime qu'il manque environ 900 000 logements !

Et pourtant, la construction de logements neufs a atteint entre 2005 et 2008 des niveaux inédits depuis plusieurs décennies, avec environ 400 000 mises en chantier chaque année, alors qu'on était plutôt à 300 000 précédemment[18]. Mais les logements ne sont pas forcément bien situés et la décohabitation des ménages accélère la demande. « Il faudrait produire environ 500 000 logements par an pendant plusieurs années », estime le dernier rapport de la fondation Abbé Pierre.

Force est de constater que la capacité des ménages à devenir propriétaires de leur logement est également amoindrie. Ainsi, constate la fondation Abbé Pierre, ceux qui gagnent entre 1 500 et 3 000 euros mensuellement sont de moins en moins nombreux à pouvoir accéder à la propriété ; ils représentaient 45 % des acquéreurs de résidences principales en 2003, à peine plus de 30 % en 2008.

Le mal-logement est aussi un problème qui touche des propriétaires. Désormais, de nombreuses résidences de copro-

17. Fondation Abbé Pierre (2011), *Rapport sur l'état du mal-logement en France*.

18. Driant J.-C. (2008) « Politiques d'habitat et crises du logement », *Problèmes politiques et sociaux*, n° 944, janvier.

priété sont en grande difficulté, car des copropriétaires ne paient plus les charges ou ont été expulsés ; les autres copropriétaires ne pouvant assumer les charges supplémentaires, la dégradation est rapide. En fait, faute de logements sociaux, des ménages tentent l'achat d'un logement du parc privé, mais ils ne peuvent poursuivre après le premier accident professionnel. Favoriser l'accès à la propriété de ménages aux revenus trop limités n'est évidemment pas la bonne solution.

Le diagnostic est mis en exergue par le Credoc : « L'insuffisance d'une offre de logements locatifs abordables pour les classes moyennes et les catégories populaires vient nourrir le malaise des Français face au logement : ne pouvant intégrer un parc social trop étroit ni accéder à une propriété trop coûteuse, une partie importante de la population se retrouve “piégée” dans des logements qui ne correspondent pas toujours à leurs attentes et dont les loyers augmentent trop vite ».

Les grands perdants sont évidemment les jeunes générations ; n'étant généralement pas propriétaires, la hausse des loyers, associée à la bulle immobilière, dégrade sérieusement leur pouvoir d'achat. En outre, ceux qui cherchent à se loger alors qu'ils sont dans la précarité professionnelle doivent essuyer de nombreux refus, s'ils n'ont pas le CDI en poche ou si les parents ne peuvent pas être cautions… Je peux témoigner que, dans certains cas, en région Île-de-France, un CDI remontant à deux ans est réclamé !

Auraient-ils quelque chance en se tournant vers le logement social ? 1,2 million de ménages espèrent un jour y accéder… La part des jeunes chefs de ménage (moins de 29 ans) occupant un logement social n'a cessé de diminuer, passant de 23 % en 1988 à 12 % en 2006.

Le parc social de 4,5 millions d'habitations est devenu très insuffisant. En effet, la France de ces dernières décennies a longtemps négligé les logements sociaux, avec seulement 50 000 logements construits en moyenne annuelle depuis les années 1980 jusqu'en 2003. La priorité a toujours été l'accès à la propriété, le rêve des ménages français. Au demeurant, le rêve est parfaitement compréhensible, mais les politiques publiques en ont fait une priorité absolue, au détriment des logements sociaux.

Ces dernières années, le nombre de logements sociaux a augmenté, par exemple avec 70 000 logements sociaux livrés en 2009. Mais le retard est tel qu'il en faudrait deux fois plus pendant au moins dix ans. La loi SRU votée en 2000 par le gouvernement de gauche a obligé les communes des grandes agglomérations à disposer de 20 % de logements sociaux en 2020, afin d'encourager la construction d'HLM et de mieux les répartir. Un progrès est enregistré, 40 % des logements sociaux construits en 2009 étant situés dans les communes concernées. Mais près de la moitié des villes ne respectent pas leurs objectifs.

Le débat est politiquement lancé, des acteurs demandant de porter l'objectif de 20 à 25 % et d'imposer un quota de logements sociaux dans chaque programme immobilier. Les bailleurs sociaux font valoir que les aides publiques baissent. Ainsi, les subventions aux organismes HLM pour la construction d'immeubles sont passées de 720 millions d'euros en 2009 à 270 millions en 2011.

Force est de constater l'insuffisance des programmes de logements sociaux mais aussi leur incohérence. Dans ce contexte, les jeunes générations sont particulièrement pénalisées car elles se retrouvent désormais quasiment exclues du logement social, leur part dans cette catégorie de logements étant en voie d'extinction.

Les étudiants, pas plus chanceux avec le logement social

Chaque année, la plupart des étudiants mènent un véritable parcours du combattant pour trouver un logement, la très grande majorité d'entre eux ne vivant plus chez leurs parents.

La situation est particulièrement dégradée en Île-de-France où seuls 3 % des étudiants ont accès à un logement en résidence universitaire, en dessous de la moyenne nationale située à 7 %. Le constat n'est pas nouveau, et en 2003 le Premier ministre d'alors, Jean-Pierre Raffarin, chargeait le député Jean-Paul Anciaux de rédiger un rapport sur l'état du logement étudiant et de faire des propositions concrètes, notamment pour la construction de logements sociaux destinés aux étudiants.

Heureuse initiative qui permit un diagnostic partagé avec les organisations étudiantes, en identifiant un besoin annuel de 7 000 réhabilitations de logements et de 5 000 constructions nouvelles. L'effort était prévu sur dix ans pour remettre en phase les besoins de logements étudiants avec un enseignement supérieur sur lequel la Nation mise avec raison.

En 2008, il faut déchanter[19]. Le bilan n'est pas brillant… Le rapport Anciaux pointe de lourds retards dans les réhabilitations et la construction de cités universitaires. Le programme n'est respecté qu'à hauteur de 60 % pour les réhabilitations, de 30 % pour les constructions. Sur la période

19. Assemblée nationale (2008), *Le Logement étudiant et les aides personnelles au logement*. Rapport de la mission confiée par M. le Premier ministre à Jean-Paul Anciaux, député de Saône-et-Loire.

2004-2007, 17 500 réhabilitations ont eu lieu et seulement 6 300 nouveaux logements ont été mis en service.

Bien sûr, on retrouve toujours les mêmes causes comme la difficulté à trouver du foncier, surtout en Île-de-France, ou encore le caractère infructueux de nombreux marchés, les entreprises du bâtiment étant très chargées, ou encore le défaut de coordination entre les actions (collectivités, universités, Crous…).

Mais est aussi en cause, avoue le rapport Anciaux, l'« affichage incertain des priorités du gouvernement au fur et à mesure que l'on s'éloigne du centre des décisions ». Autrement dit, ce n'était pas une priorité soutenue dans le temps par le gouvernement, une priorité telle qu'une difficulté rencontrée est rapidement surmontée et ne devient pas un point de blocage. D'où un plan Anciaux 2 en 2008 avec de nouvelles recommandations. À fin 2011, soit deux ans avant la fin du programme, 61 % des rénovations ont été réalisées et seulement 44 % des nouveaux logements prévus ont été mis en service.

En parallèle, devant l'urgence, les pouvoirs publics « bricolent » des solutions peu crédibles. Le logement intergénérationnel est considéré comme une solution prometteuse. Mais un étudiant peut-il devenir un auxiliaire de vie d'une personne âgée ? Favoriser exagérément de telles solutions, c'est conduire sûrement à un double échec.

Autre solution testée, les systèmes de conteneurs réhabilités en logements étudiants, comme à Amsterdam où 2 800 logements de ce genre ont été installés. La ministre de l'Enseignement supérieur a inauguré en août 2010 ce nouveau type de logement en conteneurs au Havre, situés dans la zone portuaire, sans réel transport en commun. Mais ces conteneurs paraissent poser des problèmes et déjà les Hollandais s'orientent plutôt vers des préfabriqués. La panique est devenue mauvaise conseillère.

Devant l'ampleur des problèmes du logement étudiant, les solutions d'urgence ne font que retarder les vrais programmes. Les étudiants, piliers de la future économie de la connaissance, méritent mieux que des solutions improvisées.

Dans les deux rapports Anciaux, le système d'aide au logement était dénoncé tandis qu'une remise à plat des aides était demandée, en prenant en compte la situation réelle des étudiants. « Car ceux qui bénéficient vraiment des aides fiscales et des aides au logement sont d'un côté les familles les plus aisées, et de l'autre les boursiers aux échelons les plus élevés. Les classes moyennes sont, elles, laissées pour compte[20]. » Là aussi, une question de justice sociale est posée depuis plusieurs années.

La fracture sociale et générationnelle

Le déclassement social est devenu une profonde préoccupation pour les Français. Depuis 2007, il est relayé par les hommes politiques. Citons par exemple les deux candidats à l'élection présidentielle de 2007, Nicolas Sarkozy, qui décrivait « une France qui a peur du déclassement, une France qui vit dans l'angoisse », ou Ségolène Royal s'inquiétant d'« une France où les plus fragiles, les plus modestes, les plus précaires se sentent désespérément tirés vers le bas[21] ».

20. Le Monde.fr (2010), « Logement étudiant : "Il n'y a pas de solution miracle" », Jean-Paul Anciaux, 23 août.

21. Discours de Nicolas Sarkozy à Rouen, le 24 avril 2007 ; discours de Ségolène Royal à Lyon, le 27 avril 2007.

Le risque du déclassement social est bien confirmé par les études examinant la question suivante : dans quelle mesure les fils de cadres deviennent-ils ouvriers ? En 1983, 14 % des enfants de cadres supérieurs nés entre 1944 et 1948 occupaient un emploi d'employé ou d'ouvrier ; vingt ans plus tard, ils étaient 26 %. C'est évidemment significatif, sans qu'on puisse néanmoins parler de déclassement massif.

En fait, les générations nées dans les années 1940 ont bénéficié de la dynamique des Trente Glorieuses pour grimper dans l'échelle sociale. La situation se dégrade pour les générations nées à partir des années 1960. Les études recensent les personnes qui montent dans l'échelle sociale (les mobiles ascendants) et celles qui descendent (les descendants). Par exemple, « à l'âge de 40 ans, au début des années 1980, les mobiles ascendants sont 2,2 fois plus nombreux que les descendants. Vingt ans plus tard, au même âge, le rapport n'est plus que de 1,3 », constate la sociologue Camille Peugny[22]. D'une manière générale, les trajectoires ascendantes vers les emplois d'encadrement sont désormais moins fréquentes que vingt ans plus tôt. Les perspectives sociales restent cependant globalement favorables, même si elles se dégradent progressivement au fil des générations successives.

Un autre mouvement est en route, celui de la démocratisation des enseignements secondaire et supérieur. Plus de 41 % des jeunes actuels (25-34 ans) sont diplômés du supérieur, contre seulement 19 % des 45-54 ans. Les principaux bénéficiaires de cette démocratisation dans le secondaire sont les enfants d'ouvriers, d'employés et des classes moyennes. « Ils continuent de subir des taux de chômage importants,

22. « L'expérience du déclassement », entretien avec C. Van de Velde, *Agora Débats/Jeunesse*, L'Harmattan, n° 49, 3e trimestre 2008.

mais leur situation est beaucoup moins désavantageuse qu'il y a vingt ou trente ans », constate le sociologue Éric Maurin[23], qui conclut : « Le malaise financier ne provient donc pas d'une perte de valeur des diplômes au profit de l'origine sociale, mais bien de l'inverse : les protections procurées par le statut social des parents s'effritent en même temps que les titres scolaires deviennent de plus en plus cruciaux. »

En France plus qu'ailleurs, le parcours professionnel est très déterminé par la scolarité entre 15 et 25 ans. La deuxième chance éducative est restée lettre morte alors que, dans de nombreux pays européens, il est largement admis de reprendre des études pour passer un master à 35 ans ou faire une thèse à 45 ans.

La période faste des Trente Glorieuses a aussi profondément ancré dans la pensée française la « loi du progrès générationnel », les générations se succédant avec toujours plus de revenus, de meilleurs emplois, de savoirs, de durées de vie… Depuis le basculement des années 1970-1980 et la montée de la mondialisation, cette « loi » est-elle bafouée ? Autrement dit, les nouvelles générations vivent-elles moins bien que les précédentes ?

Le sociologue Louis Chauvel a été le premier à se questionner[24]. Deux constats incontestables s'imposent. Le premier est la difficulté pour les jeunes d'entrer sur le marché du travail après les années 1980, période de croissance forte du chômage. Par exemple, en 1994, il sera

23. Maurin É. (2009), *La Peur du déclassement. Une sociologie des récessions*, éd. du Seuil, « La République des idées ».

24. *Le Destin des générations. Structure sociale et cohortes en France au XXe siècle*, PUF, 1998 ; « Les nouvelles générations devant la panne prolongée de l'ascenseur social », *Revue de l'OFCE*, n° 96, 2006.

particulièrement difficile à la fin des études de trouver un emploi (33 % de taux de chômage dans les deux ans après la sortie des études) alors qu'en 1968 il n'y avait guère de problème, avec 4 % de taux de chômage.

Le second est celui d'une progression bien moindre des revenus pour les nouvelles générations. Auparavant, la progression des salaires pour les différentes classes d'âge était relativement faible : en 1975, les salariés de 50 ans gagnaient en moyenne 15 % de plus que les salariés de 30 ans. Aujourd'hui, l'écart est de 40 %. Ainsi, les fruits de la croissance, très ralentie depuis les années 1990, ont été réservés aux plus de 45 ans.

Le salaire relatif des jeunes de 26-30 ans décline dès les années 1970, puis ensuite c'est celui des trentenaires, et enfin celui des quadragénaires au début des années 1990. « Les générations nées dans les années 1940 apparaissent comme situées systématiquement au sommet d'une vague qui s'écroule pour les puînés[25] », conclut Louis Chauvel. Plus généralement, les nouvelles générations ont connu en termes absolus une stagnation de leur revenu tandis que les anciennes continuaient à bénéficier d'une croissance de leurs revenus[26].

Les baby-boomers, une génération privilégiée ? Cette image se forge au travers des études précédentes. Tout particulièrement, ils sont facilement entrés sur le marché du travail et ont continué sur leur lancée en bénéficiant toujours de conditions favorables. Le contraste n'en est que plus grand avec les générations suivantes qui sont rentrées

25. Autrement dit, pour les générations qui se succèdent (par extension du terme de « puîné » désignant ceux nés après un frère ou une sœur).

26. De l'ordre de 2 % annuellement par rapport à leurs prédécesseurs (Chauvel, 2006).

difficilement sur le marché du travail et ont connu des parcours professionnels hachés. Mais surtout celles-ci n'ont pas vu leurs salaires augmenter comme attendu, malgré leur niveau de formation accrue. On comprend alors la diversité des points de vue : la confiance pour les jeunes retraités ou les seniors qui ont échappé au chômage, l'angoisse pour nombre de jeunes actifs ou diplômés !

Au-delà des écarts de salaires, le risque n'est-il pas celui d'une nouvelle fracture sociale ? « De fait, entre jeunes et vieux, se creuse un fossé qui sépare, d'un côté, ceux qui cumulent les attributs majeurs de la puissance sociale et, de l'autre, ceux qui concentrent sur leurs têtes la majorité des handicaps », analysent Christian Baudelot et Roger Establet[27].

Faut-il alors s'étonner du pessimisme extrême qui gagne la jeunesse française, à l'opposé d'autres pays ? Selon un sondage réalisé en 2008 dans 17 pays, seuls 26 % des Français de 16 à 29 ans jugent leur avenir prometteur, contre 60 % des Danois ou 54 % des Américains du même âge[28]. Pour la sociologue Cécile Van de Velde, le risque d'une radicalisation du mal-être de la jeunesse est désormais présent : « Il existe un sentiment de déclassement, une conscience de plus en plus forte d'être mal tombé. Même les étudiants ont cette idée qu'ils peuvent s'embourber, rater le coche. Ceci peut générer une radicalité[29] », affirme-t-elle.

Toutes ces analyses convergent pour montrer que la société française accueille mal sa jeunesse et que la crise a nettement aggravé cette tendance. Le risque d'une nou-

27. *Avoir 30 ans en 1968 et en 1998*, éd. du Seuil, 2000.

28. Problèmes politiques et sociaux (2010), « La montée du déclassement », *La Documentation française*, n° 976, septembre, p. 45.

29. Van de Velde C. (2008), *op. cit.*

velle fracture sociale est bien réel, entre les baby-boomers et les nouvelles générations, alors que le maintien de la solidarité intergénérationnelle est précieux pour l'avenir de la protection sociale.

Chapitre 3

L'actuelle protection sociale a-t-elle encore un avenir ?

Après ces analyses, on ne peut qu'être frappé par l'ampleur des échecs et des déficits auxquels est désormais confronté notre système de protection sociale, pourtant réputé un des meilleurs au monde. En outre, les jeunes générations perdent progressivement confiance dans l'avenir de la protection sociale, avec le sentiment renforcé de ne pas être suffisamment aidées.

Cette protection sociale est née en 1945 et s'est développée avec le baby-boom. Quel est désormais son avenir à l'heure de l'arrivée massive des baby-boomers à l'âge de la retraite tandis que les jeunes générations se font relativement plus rares ? La solidarité intergénérationnelle résistera-t-elle à ce bouleversement ? Ces interrogations nous apparaissent d'autant plus primordiales que l'on constate les revenus supérieurs des retraités et la hausse des patrimoines.

Le mode de financement actuel est devenu pénalisant et insoutenable. Face à ces échecs, faut-il alors se tourner vers la solution du tout marché ou au contraire vers la solution social-démocrate ? L'avenir à construire de notre protection sociale dépend des réponses que nous apporterons à ces questionnements.

Trop d'échecs et de déficits ou la profonde crise systémique

Échecs tout d'abord avec la pénurie de médecins qui commence à se faire sentir et les déserts médicaux qui se répandent sur le territoire français, avec des urgences hospitalières débordées, avec des taux de remboursement des soins courants en diminution constante, avec des taux de dépassement d'honoraires sans cesse croissants, ou encore avec le trop faible nombre d'établissements pour dépendants ou pour malades d'Alzheimer. Le gaspillage des médicaments, une tradition française bien ancrée dans le système de santé, révèle toute son ampleur ahurissante après le scandale du Mediator.

Échec retentissant en 2010 avec une réforme des retraites insuffisamment préparée, qui a soulevé beaucoup de protestations, qui fait passer par la case du chômage des seniors retardant leur départ à la retraite, et qui génère de grandes injustices. Et pour achever ce désastre, un retour à l'équilibre financier qui est reporté aux calendes grecques. Le report de l'âge du départ à la retraite aura certes été amorcé, mais dans les pires conditions !

Échec également sur le plan des logements sociaux, très insuffisants en nombre et dont les jeunes ménages sont de plus en plus exclus. On manque également de logements étudiants, malgré un bon diagnostic posé en 2003 et un plan Anciaux au départ ambitieux.

Échec majeur aussi avec la génération des moins de 30 ans qui apparaît sacrifiée à bien des égards, compte tenu du chômage, de la précarité et du prix du logement qui la frappent tout particulièrement. Le déclassement social est à l'œuvre tandis que les nouvelles générations vivent relativement moins bien que les anciennes générations. Ni la société ni les entreprises ne paraissent faire confiance aux jeunes générations et le malaise se répand dans la société française.

Les programmes se sont multipliés ces dernières années, comme le programme Grand Âge Solidarité, le plan Alzheimer ou encore le plan Anciaux du logement étudiant et le plan Agir pour la jeunesse. Certains ont au demeurant le grand mérite d'exister et d'être plutôt bien adaptés à la situation comme le plan Alzheimer. D'autres sont inexistants comme le plan Agir pour la jeunesse. Tous sont en grande difficulté et sont loin de leurs objectifs.

Déficits ensuite pour toutes les composantes de la protection sociale qui sont dans le rouge en 2010 ; 12 milliards d'euros pour l'assurance-maladie, 30 milliards pour les retraites, 3 milliards pour l'assurance-chômage, 3 milliards pour les allocations familiales et encore 3 milliards pour la dépendance. Situation inouïe, puisque désormais aucun régime social n'est à l'équilibre et que tous génèrent des dettes qui s'accumulent.

Le déficit cumulé devient abyssal, de l'ordre de 50 milliards d'euros par an en 2010. Si on rajoute les 30 milliards d'euros que l'État rembourse à la Sécurité sociale au titre des allégements de charges sociales[1], mais dont on peut considérer qu'il les « emprunte » compte tenu de l'état des finances publiques, c'est donc environ 80 milliards d'euros qu'il faut emprunter pour boucler financièrement

1. En effet, toutes les exonérations de charges instituées à compter de la date d'entrée en vigueur de la loi du 23 juillet 1994 et toutes les exemptions d'assiette créées après l'entrée en vigueur de celle du 13 août 2004 doivent être reversées par l'État aux organismes de Sécurité sociale.

la protection sociale. Le « trou » de la Sécurité sociale, apparu il y a plusieurs décennies, est devenu un gouffre de l'ordre de 4 % du PIB ; à lui seul, il génère un déficit supérieur à celui de 3 % toléré par le Pacte de stabilité et de croissance pour les déficits publics.

En 2011, le déficit cumulé reste élevé, de l'ordre de 45 milliards d'euros ; il est en légère réduction, compte tenu de déficits en recul, de 3 milliards pour l'assurance-maladie et d'environ 3 milliards pour les retraites suite à la réforme des retraites.

L'avenir apparaît sombre, car le choc du papy-boom va dans le sens d'échecs encore plus prononcés et de déficits encore aggravés, si on continue sur les tendances actuelles. Il faut s'attendre, de manière inéluctable, à une pénurie de médecins encore plus grande, à l'augmentation du nombre de personnes en affections longue durée et de personnes en situation de dépendance ainsi qu'à un accroissement des dépenses d'hospitalisation pour personnes âgées et des dépenses de santé pour les mutuelles.

À lui seul, le système de retraite va générer au moins 200 milliards d'euros de dettes durant la décennie en cours, malgré la réforme de 2010. En parallèle, le Fonds de réserve des retraites, qui devait être utilisé à partir de 2020, l'est dès maintenant, les pouvoirs publics ayant fait main basse sur ce fonds pour limiter l'endettement.

Pendant ce temps, on accumule de plus en plus de dette sociale et le fardeau est encore renvoyé sur les jeunes générations, en reculant une fois de plus les échéances de remboursement jusqu'en 2025. Autrement dit, des feuilles de soins de la Sécurité sociale des années 2000 seront remboursées dans les années 2020. Pourtant le législateur avait pris la précaution d'une loi organique pour empêcher d'aller au-delà de 2021. Qu'importe ! Une telle loi n'arrête plus un gouvernement qui ne voit de solution que dans l'endettement.

Les déficits sociaux étaient censés nous protéger, notamment de la mondialisation, le temps de retrouver nos avantages comparatifs. Cette pensée « simpliste » a tenu lieu de paravent au refus de faire les réformes structurelles nécessaires. Les nombreux échecs qui démoralisent les Français et les déficits qui « plombent » l'économie n'en sont que la conséquence.

La crise de l'État-providence analysée par Pierre Rosanvallon[2] au début des années 1980 était essentiellement due à une croissance beaucoup plus rapide des dépenses sociales que des recettes fiscales. C'est toujours le cas, mais désormais la crise est devenue profonde en raison de l'ampleur des échecs. Elle est aussi de nature systémique car elle conjugue un défaut d'anticipation du papy-boom et une protection sociale inadaptée aux jeunes générations.

Un mode de financement insoutenable

Penchons-nous maintenant sur le mode de financement de la protection sociale qui est également en crise. À sa création, la protection sociale était financée uniquement par les cotisations sociales portant sur les salariés et les employeurs. Les taux de cotisation ont augmenté sans que cela suscite d'opposition, les revenus étant dopés par de forts gains de productivité du travail. La création de la CSG en 1990 marque une vraie rupture dans le financement de la protection sociale (voir l'encadré ci-dessous). On doit cet impôt nouveau au Premier ministre Michel Rocard,

2. Rosanvallon P. (1981), *La Crise de l'État-providence,* éd. du Seuil.

La CSG, une innovation majeure

La CSG est une innovation majeure dans le financement de la protection sociale, en rupture sur deux axes :
– l'impôt acquitté par tous les Français devient une source majeure de financement ;
– les revenus du patrimoine sont mis à contribution.
En fait, la part des ressources des cotisations employeurs a baissé régulièrement, tandis qu'augmentait celle liée aux cotisations salariés. Mais, à partir de 1994, la part salariée des ressources décroît, remplacée par la hausse des impôts et taxes (sur le tabac, les alcools, les assurances...) spécifiquement affectés à la protection sociale, dont la CSG sera l'impôt emblématique.
Le financement de la protection sociale reste assis sur les cotisations des employeurs (44 %), sur les impôts et taxes (39 %) et sur les cotisations des salariés (17 %). En 2012, le taux de CSG est, par exemple, de 7,5 % pour les revenus d'activité et de 6,6 % pour les pensions de retraite et d'invalidité (3,8 % pour les revenus les plus faibles).
Ce nouvel impôt, dont les taux n'ont cessé d'augmenter, aura contribué au financement de tous les aspects de la protection sociale, des allocations familiales aux retraites, de l'assurance-maladie à la dépendance.

sous la présidence de François Mitterrand ; cet impôt n'a pas soulevé tout le pays et est, vingt ans après, considéré comme un impôt moderne, car il porte aussi sur les revenus du capital.

L'énorme déficit actuel de la protection sociale et l'arrivée des papy-boomers invitent évidemment à s'interroger sur le mode actuel de financement par l'endettement !

Réfléchissons un moment sur ce que représentent ces déficits et sur l'utilisation qui aurait pu être faite des montants empruntés. On peut estimer que les pays les plus innovants et les plus performants avant la dernière crise (comme les États-Unis et la Suède) investissaient dans le savoir (enseignement supérieur, R&D public et privé, logiciels) 2 à 3 points de PIB de plus que la France, soit annuellement environ 50 milliards d'euros. En d'autres termes, le montant du déficit 2010 de la protection sociale aurait dû être engagé pour les investissements d'avenir !

Dans ces conditions, faut-il s'étonner des performances économiques moyennes et en baisse continue depuis ces dernières décennies ? Au lieu d'emprunter pour les déficits sociaux, la France aurait dû le faire pour les investissements d'avenir. Elle ne s'en serait que mieux portée et, *in fine*, elle aurait mieux financé sa protection sociale.

Au contraire, les déficits sociaux ont contribué à reporter la dette sur les jeunes générations, tandis qu'on les privait des moyens de la rembourser, en détournant ces ressources précieuses des investissements d'avenir.

La solution de l'endettement étant désormais interdite, il faudra bien mettre fin au déficit annuel de l'ordre de 45 à 50 milliards d'euros.

À l'avenir, le financement des dépenses sociales s'annonce problématique. Le processus de vieillissement et le progrès médical vont pousser à la hausse les dépenses de retraite et de santé, les deux postes majeurs des dépenses sociales. Les économistes ont tenté de caractériser l'évolution à l'horizon 2050, tout en soulignant les grandes incertitudes qui existent. L'exercice est particulièrement ardu, car la part à venir de ces dépenses dans le PIB dépend des hypothèses faites sur la croissance économique, le taux de chômage, mais également sur le rythme du progrès médical en fonction de l'âge.

Une évaluation indépendante et récente, réalisée par la chaire « Transitions démographiques, transitions économiques » de l'université Paris-Dauphine, évalue à l'horizon 2050 les besoins de financement de la protection sociale (retraites et santé) à hauteur de 4,4 % du PIB[3]. Derrière ces évaluations, il y a deux hypothèses clés (en cohérence avec celles du COR), l'une sur la future croissance économique, supposée annuellement de l'ordre de 1,5 à 2 %, l'autre sur la réduction du chômage. Si la croissance économique est plus faible ou le chômage plus élevé, ce qui est fort probable, il sera évidemment plus difficile de financer la protection sociale et les besoins de financement seront accrus.

Pour financer le déficit actuel et les besoins à venir, on peut évidemment d'abord penser aux moyens classiquement avancés, comme la hausse des cotisations sociales ou encore celles de la TVA et de la CSG. Le débat, lancé depuis plusieurs années, n'a pas débouché sur des mesures consensuelles, car elles ont toutes de sérieux inconvénients.

En réalité, bien d'autres financements sont envisageables et, à ce stade de l'analyse, il serait absurde de ne pas les mentionner. Le tableau 1 recense de nombreuses sources de financements potentielles qui pourraient couvrir aussi bien les besoins du budget de l'État que ceux de la protection sociale, de la suppression de niches fiscales et sociales jusqu'à la lutte contre la fraude, en passant par la taxation plus forte du capital. Elles ont toutes été proposées par différents auteurs dignes de considération.

3. Chojnicki X., Glachant J., Ragot L. (2012), *Le Financement de la protection sociale,* chaire « Transitions démographiques, transitions économiques », université Paris-Dauphine, juin. Les besoins de financement sont pour les retraites et la santé respectivement de 1,7 % et 2,7 %.

Tableau 1 – Ressources fiscales et sociales envisageables

Ressources fiscales et sociales	Montant annuel	Commentaires
Niches fiscales	40-66 Mds €	On recense 470 niches fiscales (exonérations d'impôts) d'un montant de 66 milliards d'euros ; 66 % de ces niches n'ont pas prouvé leur efficacité, soit 40 Mds € (rapport IGF)[4].
Niches sociales	13-38 Mds €	On recense 68 niches sociales (allégements de charges sociales) d'un montant de 38 Mds € ; 36 % de ces niches n'ont pas prouvé leur efficacité, soit 13 Mds € (rapport IGF).
Réforme de l'impôt sur le revenu (retour à la législation de 1990)	26 Mds €	L'impôt sur le revenu est en 2010 à la fois moins progressif et d'un montant plus faible qu'en 1990. Le retour à la législation de 1990 provoquerait un supplément de recettes[5].
Réforme de l'impôt sur le revenu (inclusion des loyers « fictifs » des propriétaires)	15 Mds €	Les loyers « fictifs » des propriétaires (nets des intérêts d'emprunts pour les propriétaires accédants) seraient inclus dans la base fiscale[6] ; c'était le cas jusqu'en 1964.

4. Inspection générale des finances (2011), *Rapport du Comité d'évaluation des dépenses fiscales et des niches sociales*, juin.

5. Cazenave M.-C. *et al.* (2011), « La redistribution : état des lieux en 2010 et évolution depuis vingt ans », *France, portrait social*, Insee. On admet que l'impôt sur le revenu reviendrait à 9 % des prélèvements obligatoires (au lieu de 6 %).

6. Landais C. *et al.* (2011), *Pour une révolution fiscale, un impôt sur le revenu pour le XXIe siècle*, éd. du Seuil, « La République des idées ».

Réforme de la CSG (large inclusion des revenus du capital mobilier)	35 Mds €	La moitié des revenus du capital mobilier n'est pas incluse actuellement dans la base fiscale de la CSG[7].
Taxation du capital	25-100 Mds €	Alignement de la taxation des revenus du capital sur celle des revenus du travail : évaluation[8] de 25 à 100 Mds €.
Fiscalité environnementale	30 Mds €	Alignement de la fiscalité environnementale de la France (2,2 % du PIB) sur celle des Pays-Bas (3,7 % du PIB).
Lutte contre la fraude sociale	30-40 Mds €	Fraudes et pratiques abusives des entreprises, des professions libérales et des assurés[9].

La surprise vient du total de toutes ces ressources qui s'étale de 214 à 350 milliards d'euros ! Bien sûr, ces ressources ne pourraient pas être mobilisées en même temps… Cependant, ces estimations rassurent dans la mesure où une petite part de ces ressources pourrait couvrir les besoins de financement.

7. Landais C. *et al.* (2011), *op. cit.*

8. Artus P. (2011), « Il faut aligner la taxation des revenus du capital sur celle du travail. Cela pourrait rapporter 100 milliards d'euros », *Le Monde*, 15 mai. Peyrelevade J. (2011), « Attention à l'illusion fiscale », *Le Figaro*, 21 mars. Artus P., Caffet J.-C. (2010), « Flash économie, recherche économique », *Natexis*, 11 juin, n° 299 ; les recettes annuelles supplémentaires liées à une taxation du capital sont évaluées à 70 milliards d'euros.

9. Conseil d'État (2011), « Les entretiens du Conseil d'État en droit social, Fraudes et protection sociale », *colloque du 11 février 2011*, Conseil d'État.

Prenons l'exemple des niches fiscales et sociales : le rapport de l'Inspection générale des finances montre que 334 niches n'ont pas d'efficacité économique. Un montant de 53 milliards d'euros pourrait donc être consacré au financement de la protection sociale sans handicaper l'économie. Au contraire, pourrait-on dire, si les dépenses de protection sociale sont judicieusement choisies !

Continuons avec l'exemple des ressources liées à la taxation du capital. Une dernière évaluation faite par l'économiste Patrick Artus les situe à hauteur de 70 milliards d'euros annuellement. Cet économiste, nullement un détracteur du système capitaliste, souligne l'importance de nouvelles ressources qui pourraient être prélevées sans grand dommage économique.

Finalement le problème de la protection sociale à venir ne sera pas tant celui des ressources à y consacrer que celui de leur justification ! Autrement dit, des missions de protection sociale qui seraient très bénéfiques à l'économie ne devraient pas réellement poser de problème de financement… Cette conclusion provisoire nous guidera aussi pour définir une nouvelle protection sociale.

Des transferts intergénérationnels déséquilibrés ?

Cette crise systémique de la protection sociale nous interpelle sur la solidarité intergénérationnelle[10] qui est à l'œuvre. Cette dernière a profondément évolué depuis l'après-guerre et les Trente Glorieuses (voir l'encadré).

10. Voir l'importante contribution d'André Masson sur ce sujet. Masson A. (2009), *Des liens et des transferts entre générations,* éd. de l'École des hautes études en sciences sociales.

L'évolution de la solidarité intergénérationnelle depuis soixante ans

Les dépenses de santé étaient alors faibles ; elles étaient surtout constituées de revenus de remplacement pour les personnes malades ne pouvant plus travailler, les dépenses de soins médicaux étant minoritaires. La solidarité s'exerçait alors entre non-malades et malades. Désormais, les dépenses de santé, très élevées, sont surtout axées sur les soins ; les plus de 60 ans bénéficiant de la moitié des dépenses, la solidarité s'exerce plutôt entre les jeunes actifs et les plus de 60 ans.

Les dépenses de retraite étaient faibles, le salarié qui arrivait à l'âge de la retraite à 65 ans n'en bénéficiait que durant cinq ans en moyenne. Les actifs étaient alors 4 fois plus nombreux que les retraités et le financement n'était pas un problème. Rien d'équivalent désormais avec des retraites qui durent en moyenne plus de vingt ans tandis qu'il n'y a plus que 1,5 cotisant pour financer un retraité !

La solidarité intergénérationnelle, pilier de la protection sociale, est devenue le paravent d'un transfert toujours plus important des actifs vers les plus de 60 ans. Faisons donc le point sur la solidarité intergénérationnelle à l'œuvre en France et comparons-la à celle caractérisant d'autres pays développés.

Le contrat entre générations repose sur le principe suivant : les actifs paient pour les retraités qui ont financé leur éducation mais aussi pour les jeunes, ces jeunes qui plus tard financeront les futures retraites de ces actifs. D'où l'intérêt de considérer les dépenses publiques de protection sociale et d'éducation pour caractériser les transferts entre générations. Bien sûr, les différentes catégories (les jeunes, les actifs et les retraités) bénéficient de ces dépenses publiques tout en contribuant à leur financement, que ce soit par l'impôt, les taxes ou encore les cotisations sociales.

Intéressons-nous d'abord à ces dépenses publiques de protection sociale[11] et d'éducation, de l'ordre de 35 % du PIB. Autrement dit, ces dépenses représentent autour du tiers de la richesse créée annuellement en France. Comment ces dépenses se répartissent-elles entre les jeunes (0-29 ans), les actifs (de 30 ans jusqu'à la retraite) et les retraités ?

Une récente publication[12], à laquelle j'ai participé, permet d'y répondre en comparant ces dépenses à celles d'autres grands pays développés (voir le tableau 2). La comparaison est d'autant plus pertinente que les dépenses publiques sont importantes, comme c'est le cas en Suède, France, Allemagne et Italie[13].

Tableau 2 – Les dépenses publiques sociales et d'éducation en faveur des catégories (en % du PIB)

	France	Allemagne	Italie	Royaume-Uni	Suède	États-Unis
Jeunes	10,0	8,8	7,2	10,9	12,0	9,4
Actifs	8,1	7,6	5,3	7,6	9,5	3,4
Retraités	16,6	14,9	18,3	9,8	13,6	11,0
Totaux	34,7	31,3	30,8	28,3	35,1	23,8

La France et l'Italie sont largement en tête pour les dépenses consacrées aux retraités. Les différences sont consi-

11. C'est-à-dire les dépenses comme celles des retraites, de la santé, de la famille, de la maternité, du logement, du chômage, de l'insertion professionnelle, etc. L'année de référence est 2007.

12. Lorenzi J.-H., Pelletan J., Villemeur A. (2012), *Rajeunissement et vieillissement de la France,* éd. Descartes.

13. Dans les autres pays (Royaume-Uni et États-Unis), des dépenses privées compensent partiellement ces différences.

dérables ; ainsi la France consacre annuellement 3 points de PIB de plus pour les retraites qu'en Suède (soit environ 60 milliards d'euros) ! L'âge de la retraite y est de 65 ans et on tient là la principale explication. On observe également que les jeunes Français reçoivent moins de dépenses publiques que les Suédois[14].

Chaque catégorie reçoit des dépenses publiques mais y contribue également sous forme d'impôts, de taxes et de cotisations sociales. D'où l'intérêt de caractériser les transferts financiers que chaque catégorie reçoit, c'est-à-dire la différence entre les ressources reçues et les prélèvements opérés par l'État.

Figure 1 – Les transferts financiers publics (nets) en faveur des catégories

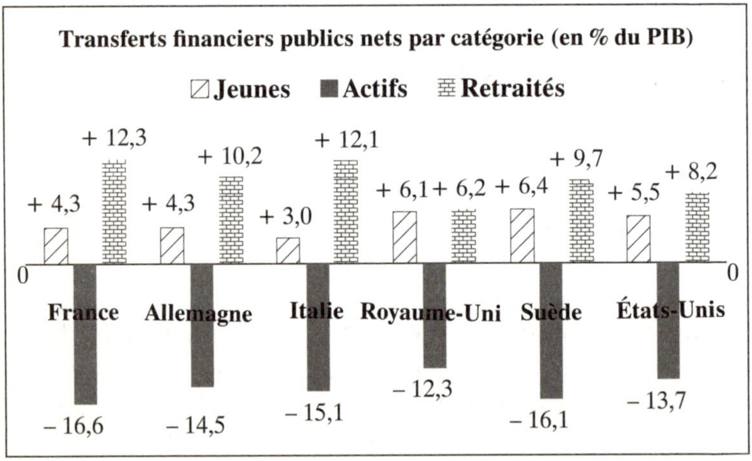

14. Le Royaume-Uni consacre aussi davantage de dépenses publiques en faveur des jeunes que la France ; en effet, la part des dépenses sociales est équivalente, mais la part des dépenses d'éducation est supérieure.

La figure 1 représente les transferts financiers pour chaque catégorie. Sans surprise, dans tous les pays les jeunes et les retraités sont des bénéficiaires nets ; par contre, les actifs sont des contributeurs nets, c'est-à-dire qu'ils sont soumis à des prélèvements bien supérieurs à ce qu'ils reçoivent.

Il apparaît nettement que les actifs français sont les plus gros contributeurs aux dépenses sociales et d'éducation. La différence est encore plus frappante si on tient compte du fait que les actifs français sont bien moins nombreux en proportion de la population totale[15].

L'actif français est ainsi le champion de la contribution nette au social et à l'éducation avec annuellement 13 600 euros par actif, contre 9 100 en Allemagne et 13 300 en Suède. Autrement dit, un actif français a sur les épaules un fardeau financier supérieur de 50 % à celui d'un actif allemand.

Les jeunes Français (0-29 ans) bénéficient autant des transferts financiers que les jeunes Allemands, mais moins que les jeunes des autres pays (à l'exception de l'Italie). Mais, si on tient compte du fait que les jeunes sont moins nombreux en Allemagne, les jeunes Français bénéficient annuellement de 3 500 euros contre 4 200 en Allemagne, 4 100 aux États-Unis, 5 100 au Royaume-Uni et 6 500 en Suède.

On ne peut qu'être frappé par l'ampleur de la différence avec un pays comme la Suède, plus de 2 % du PIB ; derrière ces chiffres, il y a la réalité de moyens supérieurs consacrés à la petite enfance (crèches ou jardins d'enfants) et aux étudiants avec une conséquente allocation pour chaque étudiant.

15. Avec une part de 39 % contre 47 % pour l'Allemagne et 44 % pour la Suède.

Les Français de plus de 60 ans, ainsi que les Italiens, sont les grands bénéficiaires des transferts financiers. Là aussi, les différences sont considérables avec les retraités allemands ou suédois.

Pour la France, des actifs parmi les plus sollicités, des retraités parmi les plus bénéficiaires et des jeunes parmi les moins favorisés, telle est la réalité de la comparaison des transferts intergénérationnels. L'ampleur des différences surprend par rapport à des pays comme l'Allemagne et la Suède, proches par leurs systèmes sociaux et éducatifs. Si on alignait la France sur l'effort suédois, c'est l'équivalent de 40 milliards d'euros annuellement à transférer en faveur des jeunes ! L'ampleur des montants montre le fossé entre les deux pays dans leur traitement actuel de la jeunesse.

En définitive, les retraités français, parmi les retraités européens, bénéficient de transferts financiers exceptionnels, tandis que c'est l'inverse pour les jeunes générations. Or, le processus du vieillissement à l'œuvre pourrait à l'avenir encore accentuer ces tendances…

Le trésor des retraités et des fortunés ?

Le « toujours plus » en faveur des retraités est-il toujours justifié ? L'image du retraité qui gagne moins qu'un actif et qui est obligé de vendre son patrimoine pour maintenir son niveau de vie, c'était vrai jusqu'aux années 1970. Le niveau de vie moyen des retraités était alors nettement inférieur à celui des actifs et la pauvreté des personnes âgées était en effet une préoccupation sociale majeure. En réalité, cette vision est désormais complètement dépassée, compte tenu de l'effort fait pendant plusieurs décennies en faveur des retraités.

Si on tient compte des revenus du patrimoine et de l'avantage procuré par la propriété d'un logement (voir tableau 2), les retraités ont le niveau de vie le plus élevé. Ce niveau de vie est supérieur de l'ordre de 24 % à celui des actifs de moins de 55 ans. Pour les retraités de plus de 65 ans, ce niveau est supérieur de l'ordre de 10 %.

Tableau 3 – Niveau de vie par âge[16]

Revenus	Moins de 55 ans	Plus de 55 ans	55-64 ans	65-74 ans	75 ans et plus
Revenus fiscaux	1,00	1,04	1,16	0,97	0,95
Prise en compte des loyers imputés aux propriétaires	1,00	1,08	1,19	1,02	1,00
Prise en compte loyers et revenus du patrimoine	1,00	1,15	1,24	1,10	1,08

Le tableau 3 montre clairement que les retraites[17] sont supérieures au revenu des actifs pour les jeunes retraités, mais inférieures pour les plus de 65 ans. La prise en compte des autres revenus ou avantages rend le niveau de vie des retraités toujours supérieur à celui des actifs.

Cela s'explique aisément. Les retraités sont très majoritairement propriétaires[18] de leur logement et ont fini de le

16. Conseil des prélèvements obligatoires (2008), *La Répartition des prélèvements obligatoires entre générations et la question de l'équité intergénérationnelle*, novembre.

17. Rappelons que les retraites moyennes sont de l'ordre de 1 000 euros pour une femme et de 1 600 euros pour un homme.

18. Centre d'analyse stratégique (2010), *Vivre ensemble plus longtemps*, 6 juillet.

rembourser (70 % des 65-74 ans) ; c'est seulement le cas de 35 % de la population dans son ensemble. Il n'y a là rien de choquant, mais il faut bien reconnaître qu'à l'heure où les loyers flambent, c'est un avantage appréciable !

Par ailleurs, les retraités sont devenus moins pauvres que les actifs. Le taux de pauvreté des retraités (personnes de plus de 65 ans) est désormais de l'ordre de 10,2 % contre 13,4 % pour l'ensemble de la population. Mais il ne faut pas oublier qu'il y a beaucoup de retraités touchant le minimum vieillesse[19], environ 580 000. Une moindre pauvreté chez les retraités que chez les actifs : c'est là une heureuse exception que la France ne partage en Europe qu'avec quelques pays comme l'Allemagne et les Pays-Bas. Ce constat est toujours vrai si on ne s'intéresse qu'à la population des plus de 75 ans.

Les retraités et les personnes âgées bénéficient de nombreux avantages fiscaux, sous forme d'exonérations et d'abattements généraux. Le montant de ces avantages annuels est de 11,5 milliards d'euros ; il peut faire rêver des hommes politiques en quête d'économies tous azimuts ! En réalité, bon nombre de ces dispositifs sont réservés à des personnes de condition modeste ou invalides, ou dépendantes ; ils ne sont alors que l'expression de la solidarité nationale.

Cependant, deux dispositifs peuvent légitimement soulever le débat. Les retraités bénéficient d'une CSG réduite alors que leurs dépenses de santé sont très importantes comme on l'a vu. Surtout, leurs dépenses de santé vont progresser rapidement, compte tenu du nombre croissant de retraités et du progrès médical dont ils bénéficient. À l'heure du défi

19. Un montant de 777 euros mensuel pour une personne seule en 2012.

de la dépendance, les 4 milliards de cette dépense fiscale pourraient y être affectés.

Le deuxième dispositif discutable est celui de l'abattement de 10 %, équivalant à celui des salariés pour les frais professionnels qui coûte environ 3 milliards d'euros. Il apparaît d'autant moins justifié qu'il profite surtout au million de ménages très aisés, au travers d'un gain annuel de l'ordre de 700 euros.

Côté patrimoine, cela ne surprendra personne, les ménages retraités ont en moyenne des montants de patrimoine plus élevés que les actifs. C'est le privilège de l'âge, l'accumulation allant généralement de pair. Mais il est bien connu que les revenus du patrimoine ont progressé plus fortement que les revenus salariaux[20] dans les années 2000. Il y a là un avantage qui a pris de plus en plus d'importance. Désormais, la composante financière occupe une place importante dans leur patrimoine[21]. Il est aussi admis que les plus de 65 ans détiennent la moitié de la capitalisation boursière en France.

Le patrimoine moyen des trentenaires[22] est de l'ordre de 140 000 euros tandis que celui des 60-70 ans est de 300 000. En réalité, la différence est plus grande car ce patrimoine brut fait l'objet d'un endettement pour les trentenaires, ce qui n'est quasiment plus le cas pour les retraités.

Les patrimoines importants et les grandes fortunes se

20. Piketty T. (2009), « Les inégalités économiques sur longue période », in *Les Grandes Questions économiques et sociales*, Pascal Combemale (sous la dir. de), La Découverte.

21. La part du patrimoine financier est de 57 % chez les retraités, de 43 % chez les actifs. Voir Girardot-Buffard (2009), « Le patrimoine des ménages retraités », Dossier Insee.

22. *Les Revenus et le patrimoine des ménages*, édition 2009, Insee. Celui des plus de 70 ans est de 234 000 euros.

recrutent parmi les plus de 60 ans. L'impôt sur la fortune (ISF) est surtout payé par les retraités, l'âge moyen de paiement de l'ISF étant en effet de 66 ans. Les 30-40 ans sont très peu nombreux à le payer ; néanmoins, il est de bon ton dans un débat sur l'ISF de se préoccuper du sort des actifs ou des entrepreneurs qu'il frapperait dans la force de l'âge…

Désormais, les ménages retraités ne vendent plus leur patrimoine après avoir passé l'âge de la retraite. Au contraire, ils continuent à épargner, car leurs besoins de consommation sont souvent décroissants. La vente d'un bien peut cependant intervenir aux grands âges pour financer la dépendance ou la maison de retraite.

Les héritages sont de plus en plus tardifs ; ils viennent gonfler des patrimoines déjà conséquents, car les héritiers ont généralement plus de 50 ans. Un cauchemar patrimonial et économique se dessine sous nos yeux. Avec la longévité croissante, les héritages se transmettront de plus en plus entre des personnes de plus de 60 ans. Le patrimoine allant au patrimoine, les inégalités patrimoniales vont se renforcer. La circulation du capital entre générations âgées et jeunes va donc ralentir. Les cartes seront ainsi moins redistribuées à l'avenir, ce qui ne peut que défavoriser les jeunes générations.

Les transmissions de patrimoine (donations et successions) ne représentent annuellement qu'à peine plus de 1 % du patrimoine total mais, en plus, elles sont surtout orientées vers les seniors. Ces transferts restent très concentrés[23], et

23. Legay S. (2010), « Transferts entre générations : qui gagne, qui perd ? », *Générations, Alternatives économiques*, n° 85, 3e trimestre. Par exemple, 50 % du montant des donations est réservé à 10 % des donations.

un même déséquilibre apparaît tant pour les successions que pour les donations. En conséquence, ces transferts privés tendent à accentuer les disparités au sein de chaque génération en favorisant une minorité d'héritiers. On ne peut être indifférent au fait qu'ils laissent de côté de nombreux jeunes au moment crucial où ils entrent dans la vie active ou entreprennent des études.

L'État-providence de l'après-guerre visait à promouvoir des retraites décentes. Il a atteint globalement son objectif, en amenant les retraites au-dessus du salaire moyen, même si certaines retraites sont encore trop faibles. À l'avenir, le transfert financier toujours plus important en faveur des retraités ne paraît donc plus justifié. Les jeunes, les oubliés actuels de la protection sociale, méritent aussi qu'on prenne en compte leurs besoins.

Ainsi, la protection sociale est désormais confrontée à une triple crise, une crise systémique, une crise du financement et enfin une crise de la légitimité des transferts intergénérationnels.

Les États-Unis, le repoussoir libéral

Face à une telle crise de notre protection sociale, deux tentations sont désormais présentes. La première réside dans le tout libéral, dont le modèle emblématique est celui des États-Unis ; autrement dit, dans le démantèlement de notre protection sociale et le recours aux marchés des assurances et des fonds de pension. La seconde réside dans le modèle social-démocrate dont la Suède est le symbole, avec son haut niveau de protection sociale. Ces tentations nous invitent à porter notre regard sur ces deux références.

Mais tout d'abord, comment se situe notre protection

sociale ? Les sociologues et les économistes ont pris l'habitude de classer les États-providence et leur protection sociale en trois types (voir l'encadré).

Les différents régimes d'État-providence

De manière stylisée, il est distingué trois régimes d'État-providence, le libéral, le corporatiste et le social-démocrate. La distinction repose sur l'importance accordée aux assurances privées, au rôle des cotisations sociales obligatoires, à la place de l'impôt, aux droits universels ou encore au rôle de la famille[24]. Le régime libéral, bien représenté par les États-Unis, accorde le rôle principal aux mécanismes de marché et limite sa protection aux plus faibles. Ainsi, l'assurance privée domine pour les dépenses de santé, les pensions reposent principalement sur les fonds de pension, en complément d'un système par répartition, et les transferts universels sont modestes. L'Australie, le Canada et le Japon en font partie.

Le régime corporatiste, encore dénommé « bismarckien », bien représenté par l'Allemagne, repose sur un modèle d'assurance sociale obligatoire généralisée et adossée au travail salarié. Il vise le maintien, au moins partiel, des revenus lorsque le travailleur ne peut travailler (maladie, vieillesse, accident, chômage). Il compte sur les solidarités familiales intergénérationnelles et n'a qu'une confiance limitée envers les marchés. L'Autriche, la Belgique, la France et l'Italie se rattachent à ce modèle.

Le régime social-démocrate, bien représenté par la Suède, repose sur un haut niveau de protection sociale contre les risques et par une offre importante de services sociaux. Il poursuit aussi un objectif de justice sociale redistributive. Il n'a qu'une confiance limitée envers les solidarités familiales. Ses priorités sont réorientées vers les nouveaux risques (jeunes non qualifiés, familles monoparentales, jeunes parents…). Il favorise les dépenses d'investissement (éducation, formation professionnelle, R&D). Les pays nordiques (Danemark, Finlande, Pays-Bas et Norvège) en font clairement partie.

---

24. On doit cette distinction à Esping-Andersen (1999) : *Les Trois Mondes de l'État-providence*, PUF (*The Three Worlds of Welfare Capitalism*, 1990).

La France présente à l'évidence des caractéristiques du modèle corporatiste avec l'existence d'une sécurité sociale reposant sur des caisses distinctes, donnant accès à des droits et devoirs différents, et surtout financés par des cotisations sociales. Mais l'instauration de la CSG en 1990 a introduit un financement par l'impôt ; la création du RMI en 1988, puis sa transformation en RSA, institue une allocation universelle, couplée ensuite à une incitation à reprendre un emploi. La couverture maladie universelle relève aussi de la logique du filet de secours minimal. L'existence de 5 millions de Français ayant souscrit à une assurance privée relative au risque de dépendance achève de brouiller les repères ! La protection sociale française est ainsi difficilement classable ; elle est une construction originale qui emprunte aux trois idéaux types.

Quels enseignements, nous Français, pouvons-nous alors tirer des deux modèles de références ?

Le système de protection sociale américain présente de graves faiblesses, encore amplifiées par la crise actuelle. Le système de santé est frappé d'une insuffisance propre aux assurances privées facultatives : plus de 50 millions d'Américains n'ont aucune couverture sociale, n'ont pas les moyens de se soigner régulièrement et ont donc recours à l'hospitalisation en toute extrémité. Il est bien connu que se soigner coûte très cher aux États-Unis ; la moindre consultation s'élève à plus de 100 euros. La facture de santé est le record du monde en la matière avec 17 % du PIB ; et pourtant des associations humanitaires (médecins, dentistes) se dévouent pour assurer partout dans le pays des soins d'urgence à des populations en détresse, comme dans les pays pauvres.

Le système américain conjugue une exceptionnelle réussite de la médecine de pointe avec des performances de santé relativement médiocres ; pour la première fois en 2009, l'espérance de vie a reculé en raison de la montée de l'obésité et des maladies associées. C'est un retournement historique de tendance, dont tout laisse penser qu'il va se poursuivre longtemps.

La courageuse réforme promulguée par le président Obama a pour but de remédier à l'inégalité d'accès aux soins, le nouveau dispositif devant élargir la couverture santé à plus de 30 millions de personnes aujourd'hui dépourvues d'assurance. Environ 20 millions de personnes devraient rester sans assurance. C'est la première fois que le système de santé américain va s'approcher au plus près du modèle de couverture universelle à l'européenne. On le voit, le recours systématique aux assurances privées facultatives laisse de côté une partie de la population, la plus modeste, tandis qu'elle coûte finalement cher, ne serait-ce que parce qu'elle n'encourage pas la prévention.

Le système de retraite, essentiellement par capitalisation, a été directement touché par la crise, avec des fonds de pension ayant connu des chutes de valeur, au moins de l'ordre de 20 à 30 %. De nombreux salariés ont perdu une part très importante de leur épargne-retraite. En outre, ces fonds de pension ne garantissent plus la future pension. Autrement dit, il y a désormais autant d'incertitude sur la future pension qu'avec le système par répartition !

Devant les dégâts du chômage, les États-Unis ont été obligés de déployer des aides sociales de grande ampleur ; notamment, ils ont fortement rallongé les durées d'indemnisation. Certaines villes sont en état de paupérisation accélérée, sous le choc combiné du chômage et de la crise immobilière, plusieurs millions d'Américains ayant perdu leur habitation.

Néanmoins, reconnaissons que dans le système américain

les jeunes dans l'ensemble trouvent plus facilement leur place dans la société, d'autant plus facilement qu'ils sont diplômés, ce qu'ils sont en plus grande proportion qu'en France. En outre, l'activité élevée des plus de 60 ans – la retraite est à 65 ans en moyenne – ne s'est pas faite au détriment de celle des jeunes, ce qui ne peut que nous étonner, nous Français, formatés à l'idée que le départ précoce à la retraite favorise l'emploi des jeunes.

L'étonnant système social-démocrate

À l'opposé, la Suède a gardé son haut niveau de protection sociale au cours de la dernière décennie ; il repose toujours sur un développement de la société qui ne laisse personne sur le bas-côté, une logique antinomique au modèle américain. C'est d'autant plus remarquable que les bonnes performances économiques (croissance du PIB, gains de productivité, emploi) de la Suède sont comparables à celles des États-Unis depuis plus de quinze ans, et en tout cas supérieures à celles de la France.

L'effort social suédois est équivalent à celui de la France, autour de 32 % du PIB. Il est compatible avec un réel dynamisme économique durant les années 1990-2007 et un rétablissement rapide après la crise financière. Avec sa croissance économique annuelle de 2,5 %, la Suède a su maintenir son système social sans déficit, l'effort en faveur des jeunes générations ayant dynamisé son économie. En conséquence, elle a pu aussi financer un effort sans précédent en faveur des personnes âgées dépendantes.

Son système de santé, très égalitaire, a vu les dépenses de santé se stabiliser à un niveau d'environ 9 % du PIB, niveau très inférieur au niveau français (12 %), grâce à la réorganisation importante des soins et à la chasse efficace aux gaspillages ; mais les files d'attente chez les médecins exaspèrent les Suédois. L'espérance de vie continue de progresser comme dans tous les pays européens.

Comme on l'a vu, le système de retraite a connu une réforme majeure au début des années 2000 ; préparée pendant dix ans, cette réforme a créé une caisse unique pour tous les retraités. Comme les Américains, les Suédois parviennent à combiner un départ tardif à la retraite et un faible niveau de chômage des jeunes.

La protection sociale a su également s'ouvrir à de nouvelles prestations, dont les plus marquantes sont une allocation à tous les étudiants, mais aussi des aides sans équivalent en faveur de la petite enfance et des personnes âgées dépendantes. N'est-ce pas aussi étonnant, pour nous Français, de voir un système de protection sociale devenir plus généreux, à l'heure de la mondialisation ?

Cependant, pour la première fois, le nombre d'enfants pauvres, le plus faible des pays développés, se met à augmenter. Le taux de pauvreté[25] a aussi augmenté, passant de 8,4 % en 2000 à 13,4 % ces dernières années. Même en Suède, la lutte contre la pauvreté n'est jamais définitivement gagnée et des réformes s'imposent en permanence.

Le financement de la protection sociale a beaucoup évolué dans les pays scandinaves, avec notamment l'instauration de la TVA sociale, sans que cela suscite la moindre inquiétude. La TVA, en règle générale à 25 %, est bien acceptée et n'a sûrement pas nui aux performances économiques. En outre, le financement de sa protection sociale pèse beaucoup moins sur le travail (22 % au lieu de 42 % en France), mais beaucoup plus sur le capital (30 % au lieu de 15 %,

25. Il est évalué à 60 % du revenu médian.

toujours en France). Là aussi, un financement qui ne peut manquer de nous étonner !

Pourtant, une différence majeure doit être mise en exergue avec la France : « Les pays scandinaves dépensent aujourd'hui plus pour les jeunes familles que pour les vieux », souligne le sociologue Esping-Andersen[26]. Cela ne peut que nous étonner pour une société dont l'évolution démographique est proche de la nôtre. Ne serait-ce pas là le secret d'une jeunesse et d'un pays qui ont le moral ?

Au terme de ce tour d'horizon, le système libéral est un véritable repoussoir. De plus, il n'est pas dans la tradition française ; inutile donc de « forcer » notre culture pour un système de protection sociale discrédité. En revanche, le système de protection sociale suédois montre qu'il est possible de concilier une haute protection sociale avec la compétitivité économique et un engagement fort en faveur des jeunes générations. C'est un enseignement majeur pour la refondation de la protection sociale en France.

Face à l'impasse dans laquelle se débat la protection sociale française, les « étonnements » que nous avons soulignés méritent d'être approfondis. N'y aurait-il pas là matière à remettre en cause nos idées reçues ? C'est ce que nous allons maintenant entreprendre.

26. Le ratio des dépenses vieux/jeunes (plus de 60 ans rapportés aux moins de 60 ans) est de 0,8 en Suède, de 1,5 en France, in *Les Trois Mondes de l'État-providence,* 2009. Traduction révisée, PUF, le Lien social.

Chapitre 4

Le nouveau paradigme : l'État social investisseur

Le système de protection sociale est désormais à la dérive, il génère des déficits considérables qui à leur tour aggravent une dette sociale sans cesse croissante. La justice sociale et la justice intergénérationnelle s'éloignent de plus en plus et apparaissent désormais hors de portée. L'heure est donc à la refondation du système de protection sociale.

Comment organiser la protection sociale dans une société où les individus vivent plus longtemps et où les jeunes se font relativement plus rares ? Il est temps de reconsidérer le traitement de l'âge dans notre société et de comprendre qu'il existe de nouvelles opportunités pour refonder la protection sociale tout en favorisant les jeunes générations. Il nous faut aussi revoir le statut de la protection sociale, encore trop souvent considérée comme une charge improductive. Ôtons nos œillères, osons bousculer les idées reçues et saisissons-nous des visions fructueuses que sociologues et économistes ont contribué à faire naître.

« Tout à la fois, on rajeunit et on vit plus vieux »

La spectaculaire progression de l'espérance de vie à 60 ans est souvent attribuée au progrès médical qui permet de soigner les maladies de la vieillesse. Rien n'est plus faux. On vit plus vieux, aussi et surtout parce qu'on arrive à 60 ans en bien meilleure santé qu'auparavant !

On s'est habitué à voir des actrices de cinéma célèbres depuis plusieurs décennies conserver l'éclat de leur beauté, des femmes accoucher alors qu'elles ont l'âge d'être grands-mères. Ce ne sont pas des cas isolés, mais l'expression d'un véritable processus de rajeunissement à un âge donné. Chacun en a fait l'expérience sur les photos de famille : les sexagénaires des années 1960-1970 paraissent alors « vieux » et physiquement plus proches des personnes âgées aujourd'hui de 70 ou 80 ans.

Le sentiment que les générations se sont décalées d'environ dix ans dans leur aspect physique et mental est confirmé par maintes études. Le processus actuel de vieillissement est en réalité celui d'une translation des âges.

Citons ainsi les études de l'économiste américain Fogel[1] qui a étudié trois cohortes de personnes, la première née entre 1835 et 1845, la deuxième entre 1920 et 1930 et la troisième entre 1980 et 1990. L'âge moyen pour les principales maladies chroniques a été retardé de dix ans entre la première et la deuxième cohorte. L'âge moyen des invalidités a été aussi retardé d'une décennie pour la deuxième cohorte ; le taux d'invalidité décroît même de plus en plus rapidement. Fogel arrive à la conclusion que les membres de la dernière cohorte ont 50 % de chances d'atteindre 100 ans et peuvent espérer rester en bonne santé à des âges avancés. Dans tous les pays développés, on constate un retard de l'ordre de dix ans dans l'occurrence des maladies chroniques ou des incapacités.

1. Fogel R. W. (2005), « Changes in the physiology of aging during the twentieth century », *National Bureau of Economic Research, WP 11233*, mars.

Ce phénomène de rajeunissement des individus conduit à repenser tous les âges de la vie et particulièrement ceux des adultes. On ne peut plus considérer que l'entrée dans la retraite signe le début de la vieillesse. Désormais, « être à la retraite » et « être vieux » ne sont plus des expressions équivalentes. En moyenne, en 2011, à l'âge de 60 ans, il reste aux femmes vingt-sept années de vie après la retraite et vingt-deux années aux hommes. Qui plus est, et contrairement à une idée reçue, la dépendance ne touche que 7 % des plus de 60 ans.

Un signe de ce rajeunissement est le recul spectaculaire du placement en maison de retraite. De plus en plus de personnes restent chez elles au-delà de 75 ans, preuve qu'elles disposent d'une certaine autonomie ; 16 % des personnes de plus de 75 ans étaient en maison de retraite en 1982, 6 % seulement aujourd'hui.

Certes, les parcours de vie sont loin d'être homogènes, mais il devient de plus en plus difficile de définir l'âge d'entrée dans la vieillesse : il y a probablement beaucoup de similitudes entre le mode de vie d'un senior de 55 ans qui travaille et d'un individu de 80 ans en bonne santé et actif socialement ; en revanche, il y a un fossé entre ce même individu de 80 ans et son frère d'âge qui est devenu dépendant.

En conséquence, on est amené à distinguer schématiquement deux groupes d'âges[2] :

– les « seniors », c'est-à-dire l'ensemble des individus entre 50 et 75 ans. Qu'ils soient au travail ou à la retraite, ils sont généralement en bonne santé et bien insérés dans la vie économique ou sociale ;

– les « personnes âgées » (ou les « aînés »), c'est-à-dire

2. Rapport du Centre d'analyse stratégique (2010), *Vivre ensemble plus longtemps*, 6 juillet.

les plus de 75 ans. C'est souvent aux alentours de cet âge que la santé peut se dégrader durablement et que des vulnérabilités plus ou moins importantes apparaissent. C'est l'âge des nombreux mini-handicaps qui sont cependant compatibles avec l'autonomie, bien que leur vie sociale puisse devenir moins intense et que s'observent des processus de retrait. Au-delà de 85 ans (« le grand âge »), le risque de dépendance s'accroît fortement.

Les spécialistes du marketing ne s'y sont pas trompés. Ils ont été les premiers à utiliser ce concept élargi de senior et à abandonner le terme de « troisième âge » qui sévissait dans les années 1970. Il est devenu obsolète de considérer les « seniors » comme des vieux. Cette nouvelle notion de senior est passée d'ailleurs dans le langage courant et c'est tant mieux !

Dans un ouvrage récent, *Enfin senior !*[3], Jean-Pierre Wiedmer, économiste et directeur d'une société d'assurances, souligne la vitalité des seniors : « Ils ne perçoivent pas la retraite comme une fin, mais au contraire comme le début d'une nouvelle vie, et une occasion de s'investir dans de nouvelles activités : loisirs, bénévolat, créations d'entreprises… » Il est plus que temps que notre société fasse sa révolution culturelle et sociétale dans son approche et sa perception des seniors. Avec un temps d'avance, Jean-Pierre Wiedmer décrit cette véritable révolution qui se dessine sous nos yeux.

Pour un économiste, les conséquences sont considérables, car elles ouvrent deux opportunités exceptionnelles dans l'histoire humaine :

– celle de voir se concrétiser des gains de productivité

3. Wiedmer J.-P. (2010), *Enfin senior !,* Nouveaux débats publics.

au sein des entreprises, les actifs devenant *a priori* plus productifs, compte tenu de leur meilleure santé au travail ;

– celle de pouvoir travailler jusqu'à un âge plus avancé, en étant toujours en bonne santé et *a priori* sans être moins productif. L'espérance de vie en bonne santé est en France en moyenne de 63 ans pour les hommes et de 64 ans pour les femmes[4]. De grandes marges de progrès existent si on compare les chiffres français à ceux d'autres pays européens comme la Suède où cette espérance de vie en bonne santé est de 69 ans.

Ce processus de rajeunissement est largement ignoré par les sociologues et économistes qui se sont focalisés sur le choc de la longévité. C'est pourtant une dimension inséparable de la longévité actuelle, caractérisée par un rajeunissement aux âges médians qui ouvre aux hommes et aux femmes la possibilité d'être actifs jusqu'à un âge très avancé. Ce processus de rajeunissement bouleverse les perspectives économiques en contrebalançant le processus de vieillissement[5].

La santé, source d'emplois et de productivité

S'ils veulent vieillir aussi bien ou mieux que leurs aînés et s'inscrire dans la même dynamique professionnelle et sociale, les jeunes générations doivent aussi veiller « en amont » sur leur santé. Le secteur économique de la santé devient ainsi un enjeu considérable. Ce secteur ne cesse de prendre de l'importance dans l'économie française.

4. Cette espérance de vie en bonne santé a légèrement baissé depuis 2008.

5. Lorenzi J.-H., Pelletan J., Villemeur A. (2012), *op. cit.*

Désormais, il emploie plus de 2 millions de personnes dont 1 million de personnels médicaux. La création d'emplois y est dynamique, avec une croissance annuelle de l'emploi d'environ 40 000 personnes. Aux États-Unis, les champions du monde des dépenses de santé, un emploi sur trois est créé dans le secteur de la santé (y compris la dépendance). C'est dire l'importance de la santé dans le dynamisme économique.

Cette dimension économique n'avait pas échappé aux pères fondateurs des systèmes de santé dans les années 1950 à 1970. Ils les ont conçus comme une obligation sociale de la nation envers ses citoyens, mais aussi comme un facteur contribuant à la bonne marche de l'économie. Malgré le succès indéniable de cette approche, nombre d'économistes ont continué à douter de l'intérêt économique de ces dépenses, en les qualifiant de « dépenses improductives ».

Pourtant, on s'attend à ce qu'un individu en bonne santé soit plus productif pour de multiples raisons qui vont d'une moindre fréquence des absences à de meilleures capacités physiques et cognitives Mais le lien entre ces dépenses de santé et la productivité n'a réellement été établi que depuis peu.

L'amélioration de l'état de santé a bien un effet positif sur la productivité de l'économie, autrement dit sur la croissance du PIB par habitant. La démonstration est faite[6] pour une base de 47 pays développés et en développement sur la période de 1940 à 2000. On en conclut sans aucun doute possible que les dépenses de santé

6. Aghion P., Howitt P., Murtin F. (2009), *The Relationship between Health and Growth : When Lucas Meets Nelson-Phelps*, Harvard University.

dopent la croissance de la productivité des économies, sur le long terme.

Non seulement elles contribuent à la création d'emplois, mais elles ont un impact sur le pouvoir d'achat des actifs. Autrement dit, les dépenses de santé passent du statut de « dépenses improductives » à celui d'investissement.

La corrélation entre la santé et la productivité est forte pour les pays en développement. Plus faible pour nos pays développés, mais elle n'en est pas moins réelle. Pour ces derniers pays, un autre enseignement des plus fondamentaux doit être tiré de cette étude : c'est surtout la réduction de la mortalité des moins de 40 ans qui accélère les gains de productivité. Investir dans la meilleure santé des moins de 40 ans devrait constituer un progrès essentiel.

À l'heure du vieillissement et du recul de l'âge de la retraite, cet enseignement est primordial. Nous devons nous préoccuper de la santé des jeunes actifs non seulement pour des raisons humaines, mais aussi pour des raisons économiques bien comprises : le maintien de leur bonne santé leur permettra de travailler plus longtemps et d'être plus productifs, avec tous les bénéfices induits sur l'ensemble de l'économie.

Un autre résultat bien établi par les économistes montre que l'amélioration de la santé des enfants a un effet direct sur l'assiduité à l'école et sur les résultats scolaires. Il faudra s'en souvenir lorsque viendra vraiment le temps des réformes de santé vers plus de prévention.

« Mon papy m'aide à créer mon boulot »

Si les seniors travaillent plus longtemps, cela se fera-t-il au détriment des jeunes ? Lors des manifestations de lycéens contre la réforme des retraites en septembre 2010, un slogan a fait florès : « Mon papy m'a pris mon boulot. » Il traduisait l'angoisse justifiée des jeunes vis-à-vis du chômage qui les atteint et les inquiète tout particulièrement ; il reflétait aussi la vision fausse d'un papy obstinément attaché à son emploi au détriment de celui de ses petits-enfants.

Rien n'est en effet plus faux que l'idée pourtant largement répandue selon laquelle la mise à la retraite anticipée des générations de seniors favorise l'emploi des jeunes. Si c'était vrai, la France qui pratique cette politique depuis plusieurs décennies devrait être la championne de l'emploi des jeunes. Or on ne constate rien de tel, non seulement en France mais dans tous les pays qui ont abusé de ces politiques. La sociologue française Anne-Marie Guillemard l'a souligné : « Une idée fausse : la sortie précoce des seniors crée de l'emploi pour les jeunes[7]. »

Regardons la réalité en face : les pays champions de l'emploi des seniors sont aussi les champions de l'emploi des moins âgés et des jeunes, comme l'illustre le tableau suivant.

7. Guillemard A.-M. (2010), *Les Défis du vieillissement*, Armand Colin, p. 58.

Tableau 4 – Taux d'emploi et taux de chômage (en %)

Pays	Taux d'emploi 55-64 ans	Taux d'emploi 25-54 ans	Taux de chômage des jeunes	Taux de chômage
Suède	70	85	6[8]	7
Japon	65	80	9	4,1
États-Unis	62	80	11	4,6
Danemark	61	86	8	3,9
Royaume-Uni	57	81	12	5,4
Finlande	55	82	20	7,7
Allemagne	48	79	15	9,8
France	38	81	23	9,2
Italie	33	73	24	6,8

Plus les seniors travaillent, plus les 25-54 ans travaillent. Autrement dit, le taux d'emploi des 55-64 ans est fortement corrélé avec celui des 25-54 ans[9]. Le constat est sans appel : l'emploi des seniors ne se fait donc pas au détriment des actifs moins âgés. Comme on l'a déjà vu, les politiques en faveur d'un vieillissement actif menées dans les pays

8. Ce chiffre est entaché d'incertitude : en réalité, le taux de chômage des jeunes est de 22 % ; mais une proportion importante d'étudiants a aussi le statut de chômeurs, ce qui fausse cette statistique. Après correction, le taux serait d'environ 6 %. Voir « Emploi des jeunes : comment font nos voisins européens », *Le Monde économie*, 18 mai 2009. Notons que le taux de chômage de longue durée des jeunes en Suède n'est que de 3,5 % en 2008 contre 25 % en France.

9. Voir par exemple Cornilleau G. *et al.* (2008), « Emploi des seniors : les leçons des pays de réussite », *Revue de l'OFCE*, juillet. Les données concernent les années 2005-2006 et caractérisent donc la période avant la crise économique et financière de 2008.

nordiques ont conduit à des records d'emploi des seniors sans que cela se fasse au détriment des moins âgés.

Les sorties anticipées des seniors du marché de l'emploi n'ont nulle part réduit le taux de chômage pour les jeunes[10] ; au contraire, elles ont aggravé son ampleur ! Comme le montre aussi le tableau 4, les pays en tête pour l'emploi des seniors et des 25-54 ans sont aussi ceux qui ont le plus faible taux de chômage des jeunes.

Au vu de ces chiffres, comment ne pas s'interroger sur les mécanismes de l'emploi dans nos économies ? L'idée qu'un jeune est embauché à chaque fois qu'un senior s'en va à la retraite était probablement largement justifiée à l'ère industrielle, dans la grande manufacture où le travailleur physiquement usé était remplacé par un jeune peu formé mais plein de l'énergie de la jeunesse. À l'ère de « l'économie de la connaissance », où les savoirs et le traitement de l'information deviennent souvent primordiaux et où les organisations sont en perpétuelle évolution, le mécanisme précédent n'est plus dominant.

C'est même l'inverse qui est à l'œuvre : l'emploi des seniors et celui des jeunes vont de pair. Les seniors disposent indéniablement dans leur milieu professionnel d'une large expérience qui favorise les nouveaux projets d'activité, source de futurs emplois et de richesse. C'est d'autant plus vrai que les seniors sont plus éduqués tandis que les jeunes apportent de nouvelles compétences car ils ont été formés aux dernières technologies et aux nouveaux savoirs. L'alliance des seniors et des jeunes est alors la condition de la réussite des projets et *in fine* de la dynamique de l'emploi.

10. Voir Esping-Andersen G. (2000), « Regulation and Context. Reconsidering the Correlates of Unemployment », in *Why Deregulate Labour Market, Oxford Scholarship on Line Monographs*, p. 99-115.

Le symbole de cette alchimie qui fait merveille réside dans la start-up innovante qui devint un géant. Google est née de l'idée de deux jeunes ingénieurs soutenus financièrement par un professeur. Dans tous les incubateurs d'entreprises en France, comme partout dans le monde, on est frappé autant par la jeunesse des créateurs que par l'expérience de ceux qui les soutiennent, des seniors ayant réussi dans leurs activités entrepreneuriales ou managériales et disposés à aider des jeunes talentueux par leurs conseils et leurs apports financiers.

Cette nouvelle dynamique entre seniors et jeunes actifs, désormais à l'œuvre dans nos économies, va s'épanouir dans les prochaines décennies, compte tenu de la généralisation des études supérieures. N'oublions pas en effet que plus de 40 % des générations actuelles acquièrent une formation supérieure.

On voit également surgir un autre déterminant majeur de la réussite conjuguée de l'emploi des seniors et des jeunes : l'innovation. Les économistes ont constaté que les salariés de plus de 40 ans sont moins nombreux dans les entreprises innovantes qui utilisent les nouvelles technologies (par exemple l'informatique) ou qui font fortement évoluer leur organisation. Autrement dit, il y a à l'évidence un « biais anti-âge » dans les entreprises innovantes[11]. Cet impact négatif des nouvelles technologies s'accentue pour les plus de 50 ans. D'où l'importance de la formation aux nouvelles technologies des générations de plus de 40 ans qui sont souvent des piliers des entreprises. Plus ces générations intégreront les nouveaux savoirs, plus elles seront en mesure de développer les entreprises en collaboration avec les jeunes.

11. Voir Levasseur S. (2008), « Progrès technologique et employabilité des seniors », *Revue de l'OFCE*, juillet.

À l'avenir, il faut inciter les seniors en bonne santé à poursuivre leurs activités au-delà de 60 ans pour un double bénéfice : l'emploi des jeunes et le financement de la protection sociale. Le maintien des seniors dans l'emploi jusqu'à 60 ans est évidemment une condition d'existence d'une telle incitation.

L'investissement dans la petite enfance ?

Les dépenses en faveur de l'éducation et de l'accueil des jeunes enfants (EAJE) sont-elles de l'ordre d'un investissement générant de futures richesses individuelles ou collectives ? L'éducation en faveur des 3 à 6 ans étant quasiment réalisée dans les pays développés, cette question surgit pour les moins de 3 ans et a fait l'objet de nombreuses recherches depuis une vingtaine d'années. En outre, de nombreux pays se sont déjà engagés dans des programmes en faveur de l'EAJE et de nombreux enseignements peuvent d'ores et déjà en être tirés[12].

L'idée s'est répandue qu'une inscription précoce « à l'école » des enfants de 1 à 3 ans leur permet de prendre un bon départ dans la vie, tout particulièrement dans le cas d'enfants issus de familles pauvres ou dont la langue maternelle n'est pas le français.

Ces intuitions ont été confirmées par une grande étude réalisée aux États-Unis sur un programme exemplaire (Early Head Start) destiné aux enfants de 3 ans et à leurs parents. Les analyses d'impact soulignent que ces enfants ont de

12. Voir, par exemple, OCDE (2007), *Petite Enfance, grands défis II, éducation et structures d'accueil*, OCDE. Aussi OCDE (2009), *Assurer le bien-être des enfants*, OCDE, Paris.

meilleurs résultats en matière de développement cognitif et langagier que les autres enfants, que les relations avec leurs parents étaient plus fructueuses et qu'ils se comportaient de façon moins agressive ; parallèlement, les parents étaient en mesure de mieux stimuler leurs enfants sur les plans du langage et de l'apprentissage, leur faisaient faire plus de dictées et distribuaient moins de fessées !

Deux économistes canadiens[13] ont recommandé de considérer l'EAJE comme un bien public, sur la base d'un argument similaire à celui qui justifie l'enseignement public. Inscrire un enfant dans un centre d'EAJE n'est pas seulement bénéfique à l'enfant mais aussi à la famille ; dans ces conditions, les mères de famille peuvent travailler et contribuent aussi au revenu familial. Au-delà, c'est toute l'économie qui en profite, le travail de la mère (ou du père) contribue à la production et engendre des recettes fiscales supplémentaires. Cerise sur le gâteau, l'État réduit son déficit social ou son financement de la protection sociale.

Toutes les études coûts/bénéfices confirment que les avantages découlant de services d'EAJE de qualité compensent largement les coûts. Comment l'expliquer ? Le prix Nobel d'économie, James Heckman, est persuadé que la période de la petite enfance constitue un moment unique pour investir dans le capital humain[14]. L'attention et les soins apportés aux petits enfants sont d'une énorme importance compte tenu de l'exceptionnel développement neurologique qu'ils connaissent alors. En investissant dans la période fondatrice de la petite enfance, on accroît la

13. Cleveland G., Krashinsky M. (2003), *Financing ECEC Services in OECD Countries*, OECD Paris.

14. Heckman J., Krueger A. (2003), *Inequality in America : what Role for Human Capital Policy ?* MIT Press.

productivité de la période suivante et ainsi de suite. C'est dans la petite enfance que s'acquièrent les dispositions favorables (ou non) pour l'apprentissage et les aptitudes comme la communication, l'autonomie, la créativité, la résolution de difficultés…

En Suède, les enfants qui entrent dans un service d'EAJE dès l'âge de 1 an (ou plus tôt) obtiennent, à l'âge de 13 ans, des résultats scolaires supérieurs de 10 à 20 % à ceux des enfants gardés exclusivement à la maison. Il semble aujourd'hui avéré que « l'entrée précoce dans un service d'accueil préfigure généralement un adolescent créatif, socialement confiant, populaire, ouvert et indépendant[15] ».

À l'âge de 12 ans, les enfants qui ont bénéficié de services d'EAJE de qualité sont meilleurs en lecture et en mathématiques que ne le sont ceux qui ont eu une éducation de moindre qualité. Mais la surprise fut de constater que ces fossés se creusaient au fur et à mesure que les enfants grandissaient, quels que soient le revenu familial et le niveau d'instruction des parents.

Les spécialistes sont convaincus que la pauvreté des enfants a d'énormes conséquences financières sur leur devenir d'adulte et sur l'économie en général. Pensons au manque à gagner en termes de revenu d'une moindre formation, voire d'échecs scolaires, mais aussi aux effets sur la santé et la criminalité. Une étude américaine l'évalue à 4 % du PIB, ce qui montre à l'évidence l'ampleur de ces coûts cachés[16].

15. Anderson B. E. (1992), « Effects of Day Care on the Cognitive and Socio-emotional Competence of Thirteen-Year-Old Swedish School Children », *Child Development*, vol. 63, p. 20-36.

16. Holzer H. *et al.* (2007), *The Economic Costs of Poverty in the United States. Subsequent Effects of children growing up Poor*, Center for American Progress.

Nous ne disposons pas d'une étude équivalente en France. Mais tout permet de dire que la France n'échappe pas à un coût social faramineux. Il n'est qu'à penser aux 150 000 jeunes qui sortent chaque année sans aucun diplôme du système scolaire et qui connaissent ensuite de grandes difficultés d'insertion.

Les études soulignent que les conséquences de la pauvreté sont plus lourdes et plus prégnantes chez les très jeunes enfants que dans n'importe quel autre groupe d'âge. Or, la pauvreté infantile a augmenté dans la grande majorité des pays de l'OCDE pour lesquels on dispose de données.

Il est désormais prouvé que les conséquences d'une situation de pauvreté sont majeures sur les enfants. Ils ont alors beaucoup moins de chances d'atteindre le même niveau de compétences et de capital humain que les enfants issus de milieux sociaux économiques plus élevés. Des écarts importants sont mesurés dans le développement cognitif, de l'ordre de 13 % à l'âge de 22 mois, de l'ordre de 28 % à l'âge de 10 ans pour des enfants britanniques[17].

La pauvreté durant la petite enfance peut entraver sérieusement l'acquisition de compétences fondamentales. Même lorsque ces enfants pauvres peuvent étudier dans une école adéquate, l'enquête OCDE Pisa montre que les écarts entre les enfants issus de milieux défavorisés et ceux des milieux favorisés se réduisent rarement et peuvent même s'amplifier. En d'autres termes, le retard pris dans la petite enfance se rattrape difficilement.

La pauvreté infantile résulte d'un certain nombre de facteurs, comme le sous-emploi des parents, les familles

17. Feinstein L. (2003), « Inequality in the Early Cognitive Development of British Children in the 1970 cohort », *Economica*, vol. 70, p. 73-97.

monoparentales, les inégalités de revenus, l'insuffisance des transferts sociaux ou encore l'absence de l'EAJE à des prix abordables. Les mères seules sont particulièrement victimes de ces situations. Elles n'ont souvent d'autres choix que celui de sortir du marché de l'emploi et elles ne vivent alors avec leurs enfants que des prestations sociales. L'absence d'EAJE à des prix raisonnables ne laisse pas de choix à ces mères de famille, contribue à les maintenir hors du marché de l'emploi et à rendre encore plus dure leur réinsertion.

Certains systèmes scolaires (Canada, Finlande, Japon, Corée) réussissent à compenser le handicap socio-économique, les enfants pauvres y accumulent moins qu'ailleurs des retards scolaires insurmontables.

L'intervention précoce est-elle efficace ? De nombreuses études réalisées dans différents pays montrent qu'une intervention précoce contribue largement à mettre les enfants pauvres (issus de familles à bas revenus) sur la voie de l'épanouissement et de la réussite scolaire[18]. Toutes constatent que des programmes sociaux éducatifs intégrés et correctement financés améliorent les aptitudes sociales et cognitives des enfants à risque (enfants pauvres ou enfants de parents peu instruits). En plus, on observe une amélioration du taux d'emploi des femmes, le recul de la pauvreté infantile et le renforcement de la cohésion familiale.

Sur le plan financier, il a été montré qu'un dollar investi dans l'EAJE à plein temps et de grande qualité génère un rendement de 4 dollars pour les enfants, leurs familles et les contribuables. En parallèle, on constate que les participants ainsi que leurs mères gagneront mieux leur vie et que les pouvoirs publics réalisent ensuite des économies substantielles sur les programmes d'enseignement spécial ou de rattrapage.

18. OCDE (2007), *op. cit.*

Le congé parental

Au-delà du congé de maternité, le congé parental rémunéré est jugé désormais crucial pour la santé de la mère et de l'enfant. Lors de la première année de vie, les soins individuels aux nourrissons développent leur sens de l'attachement, mais aussi leurs aptitudes au langage et aux émotions[19]. Les longues heures en structure d'accueil ne sont pas toujours bénéfiques aux enfants de moins de 1 an. Des études montrent aujourd'hui qu'un recours important à la garde non parentale dans la première année de vie de l'enfant peut induire un attachement moindre aux parents et des interactions moins harmonieuses avec ceux-ci[20].

Aussi, dans la plupart des pays européens, les dispositifs actuels prévoient un congé de maternité d'au moins quinze semaines, suivi d'un congé parental d'une période allant de trois mois à un an, assorti d'un revenu de remplacement.

Des pays aussi différents que le Canada, le Royaume-Uni, la Suède et la Norvège considèrent que le congé parental rémunéré d'un an est une bonne solution. En Suède, ces politiques paraissent efficaces en terme d'égalité économique et d'égalité des sexes ; ainsi ce pays nous étonne avec désormais 35 % des pères prenant les six mois pleins auxquels ils ont droit. La répartition des tâches domestiques et d'éducation des enfants devient alors plus équitable.

Ainsi, l'établissement de services à la petite enfance est très bénéfique aussi bien pour les enfants que pour les familles et la société. Les évaluations coûts/bénéfices sont très largement concordantes pour mettre en évidence des retombées très importantes. Tout comme l'éducation des enfants de plus de 3 ans, la petite enfance doit donc faire l'objet d'un investissement social de qualité.

19. Tanaka S. (2005), « Parental leave and Child Health across OCDE countries », *Economic Journal*, vol. 115, n° 501, février.

20. OCDE (2009), *op. cit.*

Jusqu'ici, nous avons évoqué l'éducation des enfants de 1 à 3 ans. En dessous de 1 an, de nombreux pays considèrent que la bonne solution est le congé parental rémunéré d'un an (voir l'encadré). Le congé parental a des retombées bénéfiques, telle la meilleure répartition des tâches entre les hommes et les femmes. Ce qui n'est pas le moindre des progrès !

L'innovation au secours de la dépendance ?

Jusqu'à présent, les dépenses en faveur des personnes âgées et dépendantes ont été perçues comme une charge financière. C'est une erreur, car ces dépenses peuvent aussi être un facteur de développement économique si nous le voulons et si nous nous organisons à cette fin.

Le recours à des emplois de service à la personne dépendante constitue un premier type de réponse à ces besoins, mais ne saurait être suffisant. En effet, les métiers de la prise en charge des personnes dépendantes vont être confrontés dans les années qui viennent à des difficultés de recrutement, voire à une pénurie de main-d'œuvre, compte tenu notamment de la disparition progressive du vivier traditionnel de recrutement des aides à domicile qu'étaient les femmes non diplômées âgées de 35 à 50 ans.

Les innovations technologiques, autrement dit les « gérontechnologies », vont constituer également des réponses nécessaires. Les gérontechnologies peuvent soutenir les aidants dans leurs tâches domestiques. Certaines pallient partiellement les troubles de la mobilité (déambulateurs intelligents, détecteurs de chute, télésurveillance, chemins lumineux), d'autres diminuent les angoisses de

Les gérontechnologies et le Japon, laboratoire du vieillissement[21]

Le Japon, l'économie développée la plus avancée dans le processus de vieillissement, a décidé de miser sur les gérontechnologies. Elle vise à faire de la demande des personnes âgées un levier de croissance économique et de création d'emplois, en stimulant l'innovation. Le processus du vieillissement s'est accéléré au cours des années 1990, la population active diminuant depuis 1998, la population totale depuis 2005. La part des personnes de plus de 60 ans a déjà dépassé 30 %.

Le Japon a notamment décidé d'investir dans la robotique et d'en faire une industrie d'avenir florissante. On voit bien l'utilité des robots pour aider les personnes âgées, notamment dépendantes, à accomplir des gestes de la vie quotidienne, mais de tels produits pourraient aussi intéresser tous les ménages.

Plus généralement, afin de proposer des produits et des services adaptés à une demande croissante, le Japon a mis en réseau plus de 10 000 entreprises et 250 universités autour de plusieurs enjeux clés du vieillissement (santé et sciences du vivant, robotique, TIC, etc.) depuis le début des années 2000.

la personne âgée (lampe qui s'allume automatiquement à la tombée de la nuit, robots animaux dits thérapeutiques), ou rappellent des tâches (pilulier électronique automatique pour la distribution automatique des médicaments). Des outils contribuent par ailleurs à maintenir des liens sociaux à distance entre aidants et personnes âgées dépendantes (visiophonie, téléconsultation, téléassistance).

Les gérontechnologies deviendront incontournables entre autres pour le maintien à domicile de personnes âgées à autonomie diminuée. Mais elles sont aussi prometteuses

21. Centre d'analyse stratégique (2007), « Le vieillissement porteur de dynamique d'innovation au Japon ? », *La Note de veille*, n° 77, octobre. Geiss R. (2007), « Après le Japon, la France… Faire du vieillissement un moteur de croissance », *Institut Montaigne*, décembre.

sur le plan économique car elles utilisent à grande échelle les technologies de l'information et de la communication (informatique, téléphonie, Internet…) qui sont depuis les années 1980 à l'origine de notre dernière révolution technologique, avec à la clé des emplois et de la productivité. Une nouvelle industrie dédiée à ces besoins peut naître et irriguer toute l'économie. Au-delà des emplois de service à la personne, il y aura des emplois de surveillants, d'informaticiens et de techniciens.

Les Japonais l'ont bien compris avec leur objectif d'être les leaders mondiaux de la nouvelle industrie de la robotique (voir l'encadré). Les personnes âgées et dépendantes ne seraient alors qu'un premier marché qui permettrait de mettre au point des robots utiles, lesquels gagneraient ensuite tous les ménages.

Une expérimentation très convaincante est en cours depuis plusieurs années dans le Limousin pour évaluer l'apport de la téléassistance et de la domotique à des personnes âgées dépendantes à domicile[22]. Une centaine de foyers de personnes âgées (83 ans en moyenne) ont été gratuitement équipés de divers dispositifs simples : déclenchement d'une alarme si une personne a une difficulté ou tombe (suivi d'un secours rapide), présence de chemins lumineux, etc. Les personnes tombent 1,6 fois moins et leur chute entraîne 2,6 fois moins d'hospitalisation. De plus, les personnes âgées sont significativement moins dépressives et le besoin d'aides à domicile a diminué. Compte tenu des coûts évités (chutes et hospitalisation) le temps de retour sur investissement est exceptionnel : un an et sept mois !

Imaginons la généralisation de ces technologies : de nouveaux emplois seront alors créés, que ce soit dans l'industrie

22. Programme Esope, il s'agit de personnes dépendantes (GIR 3 à 6).

ou dans les services, bon nombre d'entre eux étant à forte valeur ajoutée (ingénieurs, techniciens).

Cependant, en France, l'usage de ces technologies reste encore très limité. Elles sont parfois perçues comme une menace, car elles se substitueraient à l'intervention humaine. Or, elles sont évidemment complémentaires. Des actions sont en cours, notamment dans le cadre du grand emprunt. Restent à surmonter le manque de recherche sur ces sujets et la faiblesse de notre tissu industriel et du réseau de PME. Néanmoins, une chance est à saisir, les générations issues du baby-boom étant porteuses d'une demande de consommation plus innovante. Ces générations n'ont pas les mêmes réticences à l'égard de la consommation que leurs devancières, elles disposent d'un pouvoir d'achat supérieur et d'un patrimoine inégalé, elles sont de plain-pied avec la modernité.

Il faut donc instaurer des incitations publiques en faveur des gérontechnologies. Les rapports[23] se multiplient dans ce sens, sans que les recommandations débouchent sur des décisions concrètes… pour l'instant.

En définitive, les dépenses en faveur des personnes âgées et dépendantes seront sources de retombées économiques pour l'ensemble des actifs si elles stimulent l'innovation. La création d'un tel cercle vertueux facilitera à la fois la diffusion de ces gérontechnologies et l'acceptation sociale de ces dépenses.

23. Rapport présenté par André Trillard, sénateur de Loire-Atlantique, Mission au profit du président de la République relative à la prévention de la dépendance des personnes âgées, juin 2011. Centre d'analyse stratégique (2009), « Les technologies pour l'autonomie, de nouvelles opportunités pour gérer la dépendance ? », *La Note de veille*, décembre 2009, n° 158.

De l'État-providence à l'État social investisseur

Le sociologue Esping-Andersen a introduit en 1996 le concept d'État « investisseur social », nouvel avatar de l'État-providence qui intègre la dimension d'investisseur actif et préventif. Dans cette lignée, des réflexions sur de nouvelles politiques ont été menées, principalement aux États-Unis, au Royaume-Uni, au Canada et en France[24]. On trouvera, selon les auteurs, différentes dénominations pour cette nouvelle conception de l'État-providence : « État social investisseur » ou « État social actif », ou encore « État d'investissement social[25] ». Nous retiendrons la première dénomination.

Ce concept d'« État social investisseur » met à juste titre l'accent sur la nouvelle offre de protection sociale en tant qu'investissement, ainsi que sur les retours qu'on doit en attendre en termes de capacité à travailler et à être plus productif. Les trajectoires professionnelles sont maintenant individualisées et incertaines, et elles peuvent conduire tout droit au chômage, y compris de longue durée. L'impératif est désormais d'assurer la sécurisation des trajectoires, mais aussi de favoriser le maintien ou le développement du capital humain.

En effet, l'innovation, un des moteurs économiques de nos sociétés développées, porte aussi en elle la disparition d'activités anciennes et donc la destruction d'emplois, par exemple industriels. C'est la « destruction créatrice », chère à l'économiste Joseph Schumpeter. Longtemps sous-estimée,

24. Delors J., Dollé M. (2009), *Investir dans le social*, Odile Jacob.

25. Voir Guillemard A.-M. (2010), *op. cit.* ; Castel R. (2009), *La Montée des incertitudes,* éd. du Seuil, « La Couleur des idées », mars, ou encore Palier B., « Vers un État d'investissement social. Pistes pour une redéfinition de la protection sociale », *Informations sociales*, 2005/8, Cnaf.

voire ignorée, elle induit le chômage de transition, parfois l'exclusion. D'où l'importance du système de formation continue et de sécurisation des trajectoires professionnelles dans une mondialisation qui renforce la nécessité d'innover[26].

Les nouvelles visions que nous venons d'exposer donnent encore plus d'actualité et de force au concept d'État social investisseur. Les dépenses en faveur de la santé des actifs, notamment des moins de 40 ans, deviennent un investissement social avec des retombées en termes de bien-être, d'emplois et de productivité, à condition bien sûr que ces investissements soient mis en œuvre de manière efficace.

Comme nous l'avons vu plus haut, le report de l'âge de la retraite pour les personnes en bonne santé peut aussi être conçu comme un investissement qui stimule l'emploi des jeunes et offre de nouvelles ressources fiscales à la protection sociale ; bien sûr, rien d'automatique ni même d'assuré dans ces mesures, mais force est de constater que leur succès est possible ! L'éducation et l'accueil de la petite enfance sont de nature à favoriser le développement des enfants et à réduire le coût exorbitant des échecs scolaires. À l'autre bout de la vie, les dépenses en faveur des personnes âgées dépendantes stimuleront l'économie si les gérontechnologies et la robotique sont mises à contribution.

L'économie sociale et solidaire (ESS) (voir l'encadré ci-dessous), trop méconnue, est un exemple convaincant de cette économie qui investit dans le social. L'insertion par l'activité économique et l'entrepreneuriat social sont notamment des facettes de l'ESS qui font presque subrepticement mais continuellement leurs preuves en faveur de la réinsertion sur le marché du travail des chômeurs de longue durée et des exclus.

26. Lorenzi J.-H., Villemeur A. (2009), *L'Innovation au cœur de la nouvelle croissance,* Economica.

L'économie sociale et solidaire : un secteur dynamique

L'économie sociale et solidaire (ESS) rassemble une grande diversité d'initiatives économiques, ne relevant ni du secteur public ni du champ capitaliste, visant à « produire, consommer, employer, épargner et décider autrement, de manière plus respectueuse des hommes, de l'environnement et des territoires[27] ». Les entreprises partagent alors une finalité d'utilité sociale, à l'opposé de la maximisation de la rentabilité, une gouvernance démocratique, une gestion éthique et une mobilisation citoyenne.

Le poids de l'ESS est sous-estimé. Avec ses 200 000 entreprises et 2,1 millions de salariés, soit un salarié sur dix, l'ESS est devenue un secteur important[28]. Avec 1,7 million de salariés, les associations sont le principal employeur de ce secteur. L'ESS est présente aussi bien dans le secteur des banques et assurances (mutuelles) que dans l'éducation, la santé, l'agriculture et la restauration.

Mais surtout c'est un secteur dynamique avec une croissance annuelle de l'emploi (+ 2,6 %) durant les années 2000, des emplois évidemment non délocalisables.

Le député Francis Vercamer a remis en avril 2010 un rapport sur l'ESS, proposant de grandes orientations destinées à promouvoir une politique d'aide et d'accompagnement et à lui assurer une meilleure visibilité et reconnaissance, le tout décliné sous forme de cinquante propositions. Citons tout particulièrement l'accès des ESS aux marchés publics (clauses sociales, etc.), mais aussi le placement de 1 % du fonds de réserve des retraites pour le financement de l'économie sociale.

Si nous regardons maintenant les pays nordiques qui ont fait évoluer leur système de protection sociale au cours des

27. Voir « Le labo de l'économie sociale et solidaire met en débat 50 propositions pour changer de cap », une initiative pilotée par Claude Alphandéry, président d'honneur de France Active, en collaboration avec Laurent Fraise et Tarik Ghezali, 2009.

28. Vercamer F. (2010), *L'Économie sociale et solidaire, autrement pour la croissance et l'emploi*, La Documentation française.

années 2000, le concept d'État social investisseur prend alors tout son sens[29]. Dans ces pays, la retraite se prend bien au-delà de 60 ans et les taux de chômage des jeunes sont généralement faibles, toujours inférieurs à celui des jeunes Français. La Suède a instauré un nouveau droit pour les étudiants, celui de bénéficier d'une allocation qui les rend autonomes et qui les dispense de travailler à temps plein pour subvenir à leurs besoins ; à l'ère de l'économie de la connaissance, l'État veille à la réussite des jeunes étudiants et à l'égalité de leur traitement. Au Danemark, la flexisécurité procure une sécurité très grande du salarié, avec la garantie d'un revenu élevé et d'une formation adéquate, ce qui rend plus supportable le licenciement. En Suède et au Danemark, les dépenses en faveur de la petite enfance sont bien supérieures à celles caractérisant la France ; mais c'est aussi le cas pour les personnes dépendantes.

L'État social investisseur est en phase avec une économie où le capital humain et l'innovation sont des préoccupations de fond, car il s'agit en permanence de favoriser l'autonomie et les capacités des personnes tout au long de la vie dans une économie autant déstabilisée par la mondialisation que par l'innovation technologique. Il est profondément en rupture avec l'État-providence des Trente Glorieuses qui s'articulait avec les politiques sociales soutenant la demande et l'emploi.

L'État social investisseur est un pilier fondamental de la compétitivité à long terme de l'économie, comme l'illustrent les performances économiques des pays nordiques, bien

29. Joly C., Olsen P. I. (2011), « Quand l'État-providence devient un "État de ressources humaines" », *Problèmes économiques,* La Documentation française, 20 juillet, n° 3024.

meilleures que celles de la France. Il est à l'origine d'un véritable dynamisme économique et ainsi d'un cercle vertueux où la protection sociale, bénéfique par ses retombées, trouve naturellement son financement.

Chapitre 5

La refondation en faveur des jeunes générations

Le nouvel État social investisseur doit non seulement maintenir le haut niveau de protection sociale, mais aussi le transformer en un atout économique. C'est une nouvelle légitimité économique qu'il convient d'enraciner dans les choix sociaux.

Mieux accueillir et éduquer les jeunes enfants, investir dans la santé, notamment des plus jeunes, pour doper l'économie et la création d'emplois, investir toujours plus dans le capital humain des jeunes générations, sécuriser les parcours professionnels et trouver de nouveaux financements non pénalisants pour les actifs, être actif plus longtemps et en même temps favoriser l'emploi des jeunes, tout cela dessine un futur possible. La protection sociale aura alors une nouvelle légitimité sociale aux yeux des jeunes générations.

C'est sur ces bases qu'il faut à présent refonder la protection sociale. Donnons du temps au temps pour une telle refondation, compte tenu de l'indispensable dialogue social à engager. Dix orientations emblématiques sont proposées et devraient être mises en œuvre au cours de la présente décennie. Six orientations caractérisent les nouvelles missions de l'État social investisseur, quatre orientations décrivent les nouveaux financements de la protection sociale.

Bien sûr, mon ambition n'est pas ici de couvrir tous les aspects de la protection sociale mais de mettre en exergue des mesures fortes et prioritaires pour bâtir les deux légitimités.

Les nouvelles orientations stratégiques

Six nouvelles orientations sont incontournables et définissent un nouvel État social investisseur. Explicitons-les.

N° 1 – Créer un service public d'éducation et d'accueil des jeunes enfants

Nous avons vu que les travaux internationaux confirment les retombées extrêmement positives des services de l'éducation et de l'accueil des jeunes enfants (EAJE). Les premières années constituent une période clé pour le développement de l'intelligence, de la personnalité et du comportement. Les recherches montrent que l'investissement dans les jeunes enfants est rentable et avantageux, que ce soit pour les enfants et leurs familles ou pour la société.

Plus précisément, on peut attendre d'une telle politique :

– l'accroissement du taux d'activité des femmes ;

– la lutte contre la pauvreté infantile et les handicaps scolaires ;

– une meilleure conciliation du travail et de la vie de famille sur une base plus équitable pour les femmes ;

– une hausse du taux de fécondité.

L'idéal serait d'offrir ces services aux enfants de 1 à 3 ans, la quasi-totalité des enfants pouvant ensuite bénéficier d'un accueil en maternelle. La pénurie s'aggrave, car ces dernières années les maternelles acceptent de moins en moins d'enfants un peu en dessous de 3 ans. Faut-il rappeler de nouveau que ces services doivent être de haute qualité, faute de quoi les conséquences sur le développement de l'enfant risquent d'être négatives et d'engendrer des gaspillages humains autant qu'économiques.

Quel pourrait être le coût d'un tel service ? Nous prenons comme référence les pays champions de ce service pour les enfants de moins de 6 ans.

Tableau 5 – Dépenses publiques d'EAJE en France et dans des pays nordiques

Dépenses publiques en faveur de la petite enfance (en % du PIB)	0-3 ans	3-6 ans	0-6 ans
Danemark	1,4	0,6	2,0
France	0,4	0,6	1,0
Norvège	0,9	0,8	1,7
Suède	1,2	0,5	1,7

Le tableau 5 montre clairement le déficit de moyens consacrés en France aux moins de 3 ans, alors que les efforts en faveur des 3-6 ans sont relativement comparables dans les quatre pays considérés. Il s'avère que le Danemark, la Norvège et la Suède consacrent deux à trois fois plus de moyens à l'EAJE que la France.

Nous proposons que la France se rapproche de ces pays nordiques d'ici 2025-2030, ce qui nécessiterait d'accroître cet effort *a minima* de 0,5 % du PIB en faveur de la petite enfance. Un tel effort permettrait d'accueillir, en plus et à temps plein, environ 600 000 enfants de 1 à 3 ans, conformément aux meilleurs standards européens[1]. On passerait

1. Les standards européens montrent que le coût annuel pour un enfant accueilli à plein temps dans des services de qualité est actuellement de l'ordre de 13 000 à 18 000 euros. Voir OCDE (2007) : les coûts annuels (contribution parentale incluse) oscillent autour de 15 000 à 20 000 dollars en 2004-2005.

ainsi d'un mode d'accueil formel qui concerne actuellement environ 30 % des enfants à 70 % à long terme[2].

Comment financer un tel effort ? Compte tenu de son statut d'investissement, son financement à partir du facteur capital apparaît des plus justifiés. Néanmoins, la réaffectation des ressources à l'intérieur de la protection sociale consacrée à la petite enfance n'est pas à exclure au moins pour partie. Il existe en effet actuellement de nombreuses allocations pour les familles, comme l'allocation parentale d'éducation (APE), l'allocation pour jeune enfant (APJE) ou encore des réductions fiscales.

Faut-il favoriser le financement axé sur l'offre de services EAJE ouverts à tous les enfants de 1 à 3 ans ? Ou au contraire faut-il favoriser le financement axé sur la demande de tels services grâce aux subventions accordées aux parents ? Souvent les deux modes de financement coexistent.

Les pays nordiques utilisent majoritairement le financement axé sur l'offre et les crédits d'impôts. L'OCDE conclut que la voie nordique est la plus efficace, car « le modèle d'investissement public axé sur l'offre et géré par les autorités assure une qualité plus uniforme et un meilleur taux de couverture des populations enfantines (de 1 à 6 ans) que les modèles fondés sur les aides aux parents[3] ».

L'attention que l'on doit apporter aux enfants défavorisés, aux plus pauvres, renforce la nécessité d'un véritable service public en la matière. Dans les pays où interviennent des prestataires privés, on constate sans surprise leur peu d'empressement pour investir dans des quartiers défavorisés, ce qui remet en cause l'assurance d'une certaine égalité

2. L'ensemble de la population aurait le même accès aux modes de garde que les couches favorisées comme les cadres.

3. OCDE (2007), *op. cit.*, p. 128.

entre les enfants avant l'entrée dans le système scolaire. Les programmes à l'étranger qui tentent de contrebalancer ce fait (par exemple par davantage d'allocations aux parents de certains quartiers) ne paraissent pas convaincants ; ainsi, au Royaume-Uni, la moitié des enfants à risque vivent en dehors des zones répertoriées comme défavorisées.

Tous ces éléments fournis par l'expérience d'autres pays doivent inciter à créer un véritable service public de la petite enfance.

N° 2 – Créer une allocation pour les jeunes chômeurs et les étudiants

Dans une société où l'on vit de plus en plus vieux, il est fondamental de faciliter l'entrée des jeunes actifs sur le marché du travail ou l'engagement dans des études supérieures. Un mauvais début dans la vie active ou un échec dans les études sont ensuite difficilement surmontés ; il faut donc tout mettre en œuvre pour contrecarrer cet « effet cicatrice[4] », renforcé par les inégalités sociales. À cette fin, il convient de reconnaître la réalité d'une période d'insertion aujourd'hui semée d'embûches et difficile à dépasser. Sur ce point, la protection sociale devrait jouer un rôle majeur.

La recherche d'un travail ne peut se faire quand on est obligé de vivre sous une tente ou dans sa voiture, faute d'un minimum vital. De nos jours, la recherche d'un emploi ou d'une formation est un travail à plein temps qui ne peut être efficace que si on dispose d'un logement, d'une voiture, d'une connexion Internet ou d'un téléphone portable. Il est donc essentiel d'aider les jeunes des milieux modestes ou sans soutien familial efficace.

4. Van de Velde C. (2010), « Jeunes d'aujourd'hui, France de demain », *Problèmes politiques et sociaux*, n° 970, mars.

En parallèle, un véritable effort d'insertion doit être mené pour réintégrer les chômeurs dans le monde du travail, que ce soit par la formation ou par l'intermédiaire d'entreprises d'insertion par l'activité économique. Il est fondamental de donner une seconde chance à des jeunes souvent peu qualifiés, pour les rendre plus autonomes et capables de s'adapter.

Le plan « Agir pour la jeunesse », avancé en 2009 par le président Nicolas Sarkozy, est une coquille vide et n'a à aucun titre permis aux jeunes générations d'être plus autonomes et mieux insérées dans la vie active. La grande majorité des propositions de Martin Hirsch[5] n'a pas été reprise ou a été abandonnée en cours de route.

Il ne faut pas oublier les « décrocheurs » du système scolaire (voir l'encadré). En effet, chaque année, 150 000 jeunes quittent le système de formation initiale sans diplôme et sans qualification, et se retrouvent face à des difficultés d'insertion et de maintien dans le monde du travail dont ils n'avaient évidemment pas prévu l'ampleur.

Les Français bénéficient heureusement de onze minima sociaux, mais aucun ne concerne les Français de moins de 25 ans, sans enfants, à l'exception des 10 000 jeunes qui remplissent les conditions très restrictives du RSA jeunes. Nous ne devons pas rester une exception en Europe, à la fois par le haut taux de chômage des jeunes et par l'absence de revenu minimum pour ces mêmes jeunes. Il nous faut reprendre l'ambition de Martin Hirsch de refonder une politique « ambitieuse et innovante » pour les 16-25 ans. Deux grandes mesures s'imposent : une allocation pour les jeunes actifs de 16 à 25 ans et pour les étudiants.

5. Haut-commissaire aux Solidarités actives contre la pauvreté de 2007 à 2010.

Repérer et aider tous les « décrocheurs »

Dans son Livre vert, Martin Hirsch avait proposé de mettre en place, dans chaque région, une plate-forme de suivi et d'appui aux « décrocheurs ». Elle permet de repérer les jeunes au moment où ils « décrochent » de l'école (sortie sans qualification du système de formation initiale) ; un contact est immédiatement pris avec eux et ils font l'objet d'un suivi. À la rentrée 2009, plusieurs régions se sont déjà engagées dans la mise en place de plates-formes couvrant une partie de leur territoire avec un financement du fonds d'expérimentation pour la jeunesse.
Une offre de « raccrochage » pour le jeune devrait être construite au niveau régional pour proposer des solutions (formation, alternance, dispositifs de 2e chance) adaptées à chaque jeune « décrocheur » de la formation initiale. Le jeune bénéficiera d'un revenu contractualisé d'autonomie d'environ 250 euros par mois pendant deux années, selon diverses modalités.
En contrepartie, le jeune est tenu d'accepter toute offre de formation ou d'emploi proposée par son référent et cohérente avec le parcours défini avec lui. Le refus de plus d'une offre respectant cette condition entraîne l'exclusion du programme et la perte de la garantie de ressources. L'expérimentation, mise en place en février 2011, concernera 5 500 jeunes de 18 à 23 ans pendant deux ans.

L'allocation pour les jeunes actifs peut prendre plusieurs formes, la « dotation d'autonomie », chère à Martin Hirsch, ou l'allocation d'autonomie, chère aux syndicats étudiants. Reconnaissons que ces deux types d'allocation se justifient, la première sous forme de capital pour démarrer dans la vie (permis de conduire, caution de logement...), la seconde sous forme d'allocations régulières pour subvenir aux besoins fondamentaux, au même titre que l'allocation spécifique de solidarité ou le RSA socle.

Nous soutenons que la dotation d'autonomie et l'allocation d'autonomie ont chacune leur intérêt et qu'il convient de les instaurer toutes les deux. Il faut abandonner toute peur obsessionnelle de voir la jeunesse se contenter de revenus d'assistance. Le débat, sans tabou, doit être lancé sur leurs niveaux ainsi que sur les conditions d'attribution.

Faut-il, comme le préconisait initialement Martin Hirsch, un « droit de tirage » universel (par exemple 1 000 euros) pour tous les jeunes, complété pour les plus modestes d'entre eux par un capital supplémentaire (par exemple 4 000 euros) réparti sur quatre ou cinq ans, ou encore la possibilité d'emprunter auprès de la collectivité ? Ou faut-il, comme le recommandait le Conseil d'analyse économique en 2008, unifier les minima sociaux et les prestations liées à l'activité pour qu'ils concernent tous les adultes, y compris les moins de 25 ans sans charge de famille ? En contrepartie de ces prestations, il serait légitime d'interdire aux parents bénéficiaires de rattacher leur enfant à leur foyer fiscal.

La seconde mesure nécessaire est une allocation aux étudiants qui favorise leur autonomie et leur réussite dans leurs études. Cette seconde raison est économiquement intéressée ; à l'heure de l'économie de la connaissance mondialisée, les études supérieures coûtent si cher à la nation qu'il convient de rentabiliser cet investissement en évitant d'avoir des étudiants salariés, au-delà du raisonnable, ou d'autres, dans des conditions telles qu'elles mènent directement à l'échec (logement précaire entre autres).

Les études montrent que les étudiants qui travaillent trop pour gagner leur vie (plus de seize heures hebdomadaires par exemple) réduisent considérablement leurs chances de succès, ce qui se traduit automatiquement par des dépenses supplémentaires pour l'université par exemple dans les cas de redoublement. Dans les pays nordiques comme la Suède, les jeunes ont droit à une aide publique généreuse sous forme d'allocations d'études (sous conditions de ressources des parents), couplées à des possibilités de prêts ; ainsi, en Suède, un étudiant peut disposer d'un montant mensuel d'environ 800 euros, le tiers en allocation, les deux tiers en prêt.

N° 3 – Transformer l'assurance-chômage en assurance sociale professionnelle

Depuis les années 1980, le marché de l'emploi est devenu de plus en plus flexible. « La flexibilité a augmenté plus vite que la sécurité des travailleurs », constate le Conseil d'analyse économique. L'accès à la formation reste trop souvent le parent pauvre des parcours professionnels ; la formation n'est pas au rendez-vous pour les chômeurs, moins de 10 % d'entre eux bénéficiant d'une formation. Cette dualité du marché du travail, avec une population bien moins protégée qu'une grande partie de leurs contemporains, est dangereuse pour la cohésion sociale.

Comment sortir de ce dualisme ? Une proposition, faite d'abord par le juriste Alain Supiot[6], reprise par différentes institutions dont la Communauté européenne, mérite toute notre attention. Les droits sociaux seraient attachés à la personne du travailleur lui-même ; en changeant d'emploi ou pendant les périodes de chômage ou de formation, il conserverait ses droits. « Ce serait sans doute la manière la plus adéquate de concilier la mobilité et la sécurité », analyse le sociologue Robert Castel[7].

Le défi est d'organiser les droits du travailleur non plus en fonction de son entreprise et de son ancienneté dans cette dernière, mais tout au long de son parcours profes-

6. Supiot A. (1999), *Au-delà de l'emploi*, Flammarion.

7. « La cohésion sociale » in *Les Grandes Questions économiques et sociales* (2009), Combemale P., La Découverte.

sionnel, quels que soient son statut et son contrat social. Cela nécessite le renforcement des syndicats et de leur pouvoir de négociation.

Sécuriser les parcours professionnels, c'est aussi la conclusion du rapport du député Pierre Morange qui propose des modifications dans les dispositifs français de l'assurance-chômage pour aller vers une assurance professionnelle. Nous reprenons ces propositions qui nous semblent parfaitement adaptées :

– la création d'un compte social pour chaque salarié qui regrouperait les principaux droits portables (droit individuel à la formation, droit complémentaire de santé et de prévoyance…) ;

– le transfert de la gestion de ces nouveaux comptes sociaux vers l'assurance-chômage ;

– l'amélioration de l'accès à la formation professionnelle, notamment pour les demandeurs d'emploi et les personnes en situation de chômage partiel, ce qui inciterait à rapprocher les institutions chargées de l'emploi et de la formation professionnelle.

Un point important serait aussi la généralisation du contrat de sécurisation professionnelle (CSP) qui a déjà fait l'objet d'une expérimentation (voir l'encadré).

La généralisation du CSP pourrait coûter 5 à 6 milliards d'euros, à quoi s'ajouterait 1,5 milliard pour les aides à la mobilité, soit au total environ 8 milliards d'euros. Une partie de ce coût pourrait provenir du redéploiement d'autres financements, par exemple ceux de la formation professionnelle[8].

8. Rappelons que le budget annuel est de l'ordre de 30 milliards d'euros et que ces montants pourraient être beaucoup mieux utilisés.

Le contrat de sécurisation professionnelle (CSP)

Un nouveau dispositif de sécurisation des parcours professionnels, le contrat de transition professionnelle (CTP), a été experimenté sur sept bassins d'emploi depuis 2006. Il s'adresse aux salariés dont le licenciement économique est envisagé dans une entreprise qui n'est pas obligée de proposer un congé de reclassement.

C'est un contrat de durée maximale de douze mois qui a pour objet le suivi d'un parcours de transition professionnelle pouvant comprendre des mesures d'accompagnement, des périodes de formation et des périodes de travail au sein d'entreprises ou d'organismes publics. Le titulaire reçoit une allocation égale à 80 % du salaire brut moyen perçu au cours des douze mois précédant la signature du CTP, en dehors bien sûr des périodes où il exerce une activité rémunérée.

Le CTP a été prolongé en juillet 2011 par le contrat de sécurisation professionnelle (CSP) ; 45 000 personnes en bénéficiaient en 2012.

Il faut créer des incitations fortes pour les employeurs afin qu'ils limitent, dans toute la mesure du possible, le recours aux emplois temporaires et au licenciement, et qu'ils cherchent à améliorer l'employabilité de tous les salariés. Un système incitatif de bonus-malus, portant sur les cotisations d'assurance-chômage, pourrait être mis en place. Il avantagerait les entreprises qui créent des emplois tandis qu'il pénaliserait celles qui se débarrassent facilement de leurs salariés. Il porterait sur des critères tels que le pourcentage des salariés formés, le contenu des qualifications (caractère diplômant ou certifiant), le pourcentage des licenciements. Ainsi les entreprises vertueuses verraient leurs cotisations baisser en même temps que leurs obligations en matière de reclassement s'alléger.

Quel pays a mis en œuvre ce type de système et depuis assez longtemps pour qu'il soit possible d'en évaluer les retombées ? Aussi surprenant que cela puisse paraître, ce sont les États-Unis qui l'ont instauré et depuis plusieurs décennies dans certains États[9]. Il est reconnu que les effets sont positifs sur le niveau de chômage et de l'emploi.

À plus long terme, ces nouveaux dispositifs devraient contribuer à la baisse du chômage, ce qui laisserait entrevoir une baisse des cotisations d'assurance-chômage.

N° 4 – Faire du logement social et étudiant une priorité nationale

La question du logement mérite d'être replacée au premier plan de l'agenda politique pour la décennie en cours. Huit millions de Français sont mal-logés et la hausse quasiment ininterrompue des loyers pèse lourdement sur le budget des ménages.

Cette situation pénalise particulièrement les jeunes, actifs ou étudiants, ainsi que les jeunes familles. Le manque de logements sociaux est devenu criant. Les jeunes en sont les premières victimes, car ils sont quasiment exclus des logements sociaux. En outre, cette insuffisance de logements sociaux force des ménages aux revenus limités à devenir propriétaires, avec des difficultés financières à la clé qui mettent en faillite des copropriétés. La comparaison avec d'autres pays européens n'est pas en notre faveur : le Royaume-Uni, la Suède et la Hollande possèdent un nombre de logements sociaux par habitants supérieur, respectivement, de 20 %, de 30 % et de 100 %.

Le logement social doit devenir une grande priorité natio-

9. Les taux de cotisation sont fonction de l'historique des licenciements et du montant des allocations de chômage perçues par les travailleurs licenciés. Voir Margolis D., Fougère D. (2000), « Moduler les cotisations employeurs à l'assurance-chômage : les expériences de bonus-malus aux États-Unis », *Revue française d'économie*, vol. 15, 15-2, p. 3-76.

nale, avec un objectif annuel de l'ordre de 150 000 logements tout au long de la décennie. Un effort a été fait ces dernières années pour atteindre 70 000 logements ; on mesure ainsi l'ampleur de l'effort qu'il faut consentir. Bien sûr, cela suppose une volonté nationale car il faut surmonter toute une série d'obstacles, depuis la relative rareté du foncier, les refus de certaines communes et les pénuries de main-d'œuvre dans le secteur du bâtiment.

Mais les retombées économiques peuvent être stimulantes, au travers de la création d'emplois sur une longue période. Elles supposent la mutation d'un secteur prenant en compte le développement durable ; les nouveaux logements sociaux doivent évidemment répondre à des nouvelles normes d'isolation et de basse consommation d'énergie, afin de minimiser les futures charges locatives. Autrement dit, un programme ambitieux de construction de logements sociaux contribuerait à relancer l'économie et à accélérer la transformation écologique du secteur du bâtiment.

Les étudiants, le fer de lance de notre « économie de la connaissance », doivent être plus nombreux à bénéficier d'un logement social dans les résidences universitaires. Les objectifs du rapport Anciaux, 7 000 réhabilitations de logements et 5 000 constructions nouvelles, ne sont pas respectés, la volonté nationale n'étant tout simplement pas au rendez-vous. Il y a urgence à relancer ces programmes, voire à les accroître, en y mettant les moyens financiers. L'allocation pour étudiant que nous préconisons va de pair avec un logement pour donner de vraies chances de réussite aux étudiants de condition modeste.

En parallèle, il faut remettre à plat l'ensemble des aides en prenant en compte la situation réelle des étudiants et en réorientant les soutiens financiers vers les classes moyennes, actuellement « laissées-pour-compte » comme le constate le rapport Anciaux.

N° 5 – Instaurer la retraite choisie de 60 à 70 ans, en équilibre financier

Comme on l'a vu, la réforme de 2010 n'assurera pas l'équilibre financier à l'horizon 2020 tandis qu'elle accentuera les injustices. Au cours de cette décennie, la survie du système de retraite reposera donc sur l'endettement, détournant ainsi des ressources précieuses qui devraient être placées dans des investissements d'avenir. Elle sera aussi peu efficace, car elle n'a pas été précédée d'une politique de bien-être au travail et de vieillissement actif.

Singularité en Europe, l'opposition au recul de l'âge de départ à la retraite est très vive en France. Elle impose une réflexion et des questions sur les conditions de travail et sur la gestion des ressources humaines, surtout des plus de 50 ans. « Le refus de travailler plus longtemps n'est rien d'autre que l'expression de la lassitude voire du désarroi face au travail lui-même tel qu'il est vécu dans notre pays », souligne le sociologue et député européen Robert Rochefort[10].

Avec la réforme 2010 des retraites, la France a mis la charrue avant les bœufs, en reculant l'âge de la retraite sans avoir eu de politique active en faveur des seniors. En Europe, les exemples de réforme réussie du système des retraites par répartition ne manquent pas. Nous aurions dû nous inspirer tout particulièrement des politiques de bien-être menées dans les pays nordiques (voir l'encadré)[11]. Ces programmes de nos voisins du Nord parient sur un triple gain : plus de bien-être pour les salariés, une meilleure productivité pour les entreprises et moins d'augmentation

10. R. Rochefort (2010), « Se réconcilier avec la “valeur travail”, en faire un acte créateur », *Le Monde*, 18 septembre, p. 20.

11. Voir, par exemple, Cornilleau G. *et al.* (2008), « Emploi des seniors : les leçons des pays de réussite », *Revue de l'OFCE*, juillet.

L'emploi des seniors ou l'exemple finlandais

L'exemple de la Finlande[12] est particulièrement intéressant pour nous car le taux d'emploi de leurs seniors était en 1995 de l'ordre de 36 %, donc proche de notre taux actuel de 39 %. La Finlande a connu la plus spectaculaire progression en Europe puisque ce taux d'emploi a dépassé les 50 % en 2008. Les réformateurs finlandais ont mis en œuvre un vaste programme portant sur le « bien-être au travail » (politiques dites de « vieillissement actif »). Au départ, le projet s'est prioritairement adressé aux dirigeants d'entreprise pour leur faire comprendre la nécessité de changer d'attitude par rapport au vieillissement ; environ 700 dirigeants ont été formés sur près de cinq ans. Les Finlandais ont aussi joué sur d'autres leviers, en particulier la formation des seniors, pour lutter contre l'obsolescence des connaissances. En réalité, le plan finlandais avait aussi comme objectif de combler le retard de formation des plus de 40 ans par rapport aux plus jeunes. L'amélioration des compétences des travailleurs seniors a aussi abouti à une redéfinition des postes de travail et des fonctions.

En parallèle, une campagne a été menée auprès des médecins du travail pour leur faire accepter l'idée que leur rôle était d'accélérer la prévention de la santé au travail. La promotion du sport et d'un mode de vie plus sain, comme le renoncement au tabac et à l'alcool, a été également lancée. La loi sur la santé au travail (2001) a renforcé les pouvoirs de la médecine du travail : tout le contraire de ce que les pouvoirs publics ont fait avec la réforme de notre médecine du travail en 2010.

Le père du programme senior en Finlande estime que le facteur déclencheur a été la formation des cadres dans l'entreprise ; elle a conduit à un changement d'attitude à l'égard des employés plus âgés. Effet non anticipé et non des moindres, ce changement d'attitude envers les seniors a bénéficié aux jeunes, eux aussi discriminés sur le marché du travail ! Le même responsable juge sévèrement la réforme des retraites menée en France en 2010 : « La France augmente d'abord l'âge des retraites, mais ne fait rien pour aider les gens à rester au travail[13]. »

12. L'âge du départ à la retraite est flexible entre 63 et 68 ans, la pension étant calculée sur l'ensemble de la carrière. Le système favorise ainsi une retraite « choisie ».

13. *Le Monde* (2010), « Dossier Économie », 12 octobre.

de dépenses de retraite pour la société, ce qui libère des ressources pour les investissements d'avenir.

Il y a donc urgence à reprendre le chantier du système de retraite au lendemain de l'élection présidentielle de 2012. Les sénateurs en avaient sûrement conscience en 2010 quand ils se sont prononcés pour une première discussion en 2013, à partir d'une étude sur le système de retraite à points.

Les sénateurs ont bien compris ce premier impératif. La réforme doit passer par la convergence de tous nos différents régimes de retraite, aux règles devenues illisibles. Un seul régime de retraite s'impose à l'avenir, compte tenu des nouveaux parcours professionnels et de la nécessité d'assurer une visibilité à long terme pour tous nos concitoyens. Le retour de la confiance des jeunes générations est à ce prix. Bénéfice induit : cela réduira le gaspillage des frais de gestion, probablement de 2 milliards d'euros annuellement, ce qui est considérable.

Bien sûr, il faut maintenir un régime de retraite par répartition. Mais une nouvelle question surgit : retraites par points ou par comptes notionnels ? Le débat doit permettre d'y voir plus clair, de tenir compte des spécificités françaises – les régimes Agirc-Arcco étant déjà à points – et de prendre ensuite une décision. Une dizaine d'années ne sera pas de trop pour mettre en œuvre un tel régime, comme le montre l'expérience de la Suède. La nécessaire concertation prendra du temps, car le système de retraite est un élément clé de notre pacte social et suscite à ce titre des réactions fortes et contradictoires.

Le deuxième impératif est celui de la retraite « choisie », qui permettrait à chacun de choisir librement, par exemple entre 60 et 70 ans, l'âge auquel il souhaite se retirer. Car il faut bien reconnaître l'existence de deux profils opposés, celui du senior en parfaite santé et celui du senior fatigué par un travail usant ou par des accidents de la vie. C'est à l'évidence une condition légitime de l'acceptation sociale, la bonne santé des uns ne devant pas conduire les autres à se tuer au travail. À cette fin, les dispositifs d'invalidité seront largement ouverts à tous les métiers pénibles qui ont un retentissement notable sur la santé et sur l'espérance de vie.

L'objectif d'un âge moyen de départ à la retraite de 65 ans au cours de la décennie 2020 doit être affiché, car c'est la seule mesure susceptible de garantir à la fois l'équilibre financier et le maintien de hauts niveaux de retraite. Les Français tiennent à conserver un haut niveau de retraite, ce qui n'est guère surprenant si on considère qu'en France plus qu'ailleurs la retraite est la principale source de revenus des retraités. Augmenter les taux de cotisations employeurs est difficilement envisageable pour des raisons de compétitivité et d'emploi, car nous avons déjà les taux les plus élevés en Europe. Augmenter les taux de cotisations salariées me paraît exclu, car la réduction du pouvoir d'achat qui en résulterait serait injuste envers les jeunes générations. Augmenter la durée de cotisations bien au-delà de 41,5 années pénaliserait les retraités partant tôt.

La réforme doit aussi veiller à améliorer les petites retraites, dans un souci de dignité mais aussi d'économie bien comprise. Des retraites trop faibles conduisent les retraités à reporter des dépenses de santé et en définitive à rendre plus graves les affections et plus coûteuses les hospitalisations.

Le système de retraite pourrait alimenter un fonds d'investissement aidant les jeunes à créer des entreprises. Un prélèvement très faible (de 0,3 %) sur les cotisations retraite permettrait de mettre en œuvre un fonds d'investissement très conséquent, avec au départ un budget annuel de l'ordre de 1 milliard d'euros. Il pourrait soutenir des projets de jeunes (moins de 30 ans par exemple) qui veulent créer une entreprise ou de jeunes patrons qui veulent accroître leurs entreprises en investissant et en embauchant. Un tel investissement, de nature à accélérer le dynamisme économique et le nombre de cotisants, pourrait être bénéfique aussi bien aux jeunes qu'aux retraités.

N° 6 – Créer un service public en faveur des personnes âgées dépendantes

Nous avons vu que la France fait face à une pénurie de moyens en faveur des personnes âgées dépendantes et que la réforme promise depuis de nombreuses années a été reportée après 2012. Il est pourtant légitime d'y consacrer davantage de moyens.

Encore une fois, c'est la Suède[14] qui consacre l'effort le plus important en faveur de la dépendance : chaque personne dépendante est deux à trois fois plus aidée par différents métiers. C'est aussi le pays où le niveau de prestations le plus généreux se conjugue avec la couverture dépendance la plus étendue. Il n'est pas alors surprenant que l'effort soit de l'ordre de 3,6 % du PIB, soit environ 2 points de PIB de plus que la France.

Proposons donc d'augmenter l'effort en faveur des personnes âgées de plus de 80 ans (soutien à la dépendance) d'environ 1 point du PIB, soit une contribution supplémentaire de 20 milliards d'euros d'ici 2025[15]. Un

14. C'est aussi celui des Pays-Bas avec un effort de 3,5 % du PIB. Dans le cadre des comparaisons internationales, l'effort français est estimé à 1,7 % du PIB, alors que l'effort français strictement destiné aux personnes dépendantes (plus de 60 ans) est de 1,3 % du PIB.

15. Dans le cadre du débat national de 2011 sur la réforme de la dépendance, une projection financière a été faite (Charpin J.-M. [2011],

tel effort paraît raisonnable compte tenu de l'augmentation du nombre de personnes dépendantes et de toutes les contraintes qui pèsent actuellement sur l'offre de tels soins en France. Le fossé qui nous sépare de la Suède ne serait comblé qu'à moitié… si la Suède n'augmente pas son effort d'ici là !

Anticiper les évolutions à venir est aussi une raison pour envisager un effort de cette ampleur. Dans les pays de l'OCDE, les dépenses de prise en charge de la dépendance devraient, sous l'effet du vieillissement de leurs populations, doubler voire tripler d'ici 2050[16].

Cet effort s'inscrit aussi dans une nouvelle réalité : il n'est pas souhaitable de solliciter davantage les aidants familiaux[17] malgré leur rôle prédominant. En effet, les dernières études montrent que la prise en charge plus intensive par les aidants familiaux est problématique : en effet, elle se solde par une réduction de leur taux d'emploi et de leur temps de travail, par un risque plus élevé de pauvreté, ainsi que par une prévalence des problèmes de santé mentale supérieure de 20 % à celle des personnes de leur classe d'âge.

La pénurie actuelle de main-d'œuvre dans le secteur de la dépendance en France menace la réalisation de cette poli-

---

Perspectives démographiques et financières de la dépendance, IGF, juin). L'évolution des dépenses unitaires de santé a été supposée suivre le PIB par tête, ce qui est une hypothèse traduisant une volonté de limiter fortement ces dépenses. Cela ne paraît ni réaliste ni tenir compte des vrais besoins et du retard de la France en la matière.

16. Colombo F. *et al.* (2011), *Help Wanted ? Providing and Paying for Long-Term Care*, OECD Health Policy Studies, OECD Publishing.

17. Rappelons que plus de 4 millions d'aidants familiaux interviennent régulièrement à titre non professionnel auprès d'une personne âgée de plus de 60 ans.

tique. Le secteur[18] fait face à une diminution du nombre de personnels pour certains établissements ainsi qu'à de graves difficultés de recrutement, que ce soit de l'aide à domicile ou des Ehpad : « La pénurie actuelle de personnels, aides-soignants et aides à domicile, psychologues, animateurs… pourrait créer à terme un risque de maltraitance des personnes prises en charge. » Dans les prochaines années, d'autres secteurs comme les métiers de la petite enfance et les aides aux adultes handicapés auront *a priori* autant de postes à pourvoir. Or, ces secteurs sont traditionnellement plus attractifs en termes d'image que les soins aux personnes âgées.

Il convient de mettre rapidement en place des réformes de fond visant à attirer davantage de main-d'œuvre dans le secteur de la dépendance. Il faut aussi fidéliser car actuellement les emplois concernés sont à fort roulement, n'offrent guère de perspectives d'avenir et s'accompagnent d'une rémunération peu élevée. Il apparaît essentiel de revaloriser les emplois en améliorant leur rémunération, les conditions de travail et la formation professionnelle.

Il faut penser le logement[19] des personnes âgées comme un élément du bien vieillir. Force est de constater que les solutions actuelles sont préconisées selon une logique binaire, le maintien à domicile ou le placement en établissement pour les personnes les plus dépendantes. Les autres solutions comme l'adaptation de logements ou la construction de logements adaptés sont peu envisagées en France. Le

18. Comme le souligne le rapport du groupe « Accueil et accompagnement des personnes âgées en perte d'autonomie » (Evelyne Ratte, Dorothée Imbaud, 21 juin 2011).

19. Voir les deux rapports remis au secrétaire d'État au Logement et à l'Urbanisme : « L'adaptation de l'habitat au défi de l'évolution démographique : un chantier d'avenir » (2009) et « Bien vieillir à domicile » (2010).

parc de logement est souvent inadapté, et la fragmentation du financement tant privé que social (Agence nationale de l'habitat, caisses de retraites...) ne facilite pas leur transformation. Le logement social est bien sûr très concerné à l'avenir, d'autant plus que la population actuellement bénéficiaire devrait rapidement vieillir[20].

L'entrée dans la dépendance n'est nullement une fatalité. Elle peut être évitée ou retardée, et c'est le rôle de la prévention[21], actuellement parent pauvre du système de soins. Et les derniers résultats remettent en question bien des idées reçues. L'enquête européenne Share[22], axée sur les questions sanitaires et socio-économiques liées au vieillissement, met en lumière au moins deux enseignements :

– garder une activité professionnelle permet de différer le vieillissement cognitif d'environ 1,3 année, surtout pour les métiers complexes nécessitant de la flexibilité cognitive ;

– les capacités intellectuelles sont mieux préservées dans les pays où la retraite est fixée à 65 ans que dans ceux où elle est plus précoce.

Ainsi, l'activité au sens le plus large (professionnelle, associative, bénévole...) constitue-t-elle un puissant facteur de prévention de la dépendance.

Abordons maintenant le problème du financement de la dépendance par les familles. Les propositions des pouvoirs publics faites en 2010 (voir chapitre 1) suscitent notre

20. La part des locataires de plus de 65 ans dans les logements sociaux est de 11,4 % en 2006 ; elle devrait atteindre 31 % en 2035 compte tenu du vieillissement des locataires en place et d'une nouvelle demande émanant de personnes âgées modestes ou défavorisées (*Société et vieillissement,* rapport du groupe n° 1, juin 2011).

21. Centre d'analyse stratégique (2010), « Le vieillissement cognitif, un enjeu pour les politiques publiques », *La Note de veille*, n° 179, juin.

22. *Survey on Health Ageing and Retirement in Europe* (SHARE).

réflexion. Faut-il favoriser la solidarité nationale ou les assurances privées qui pourraient devenir obligatoires ?

En réalité, l'allocation personnalisée d'autonomie (APA) n'est pas adaptée au cas de la dépendance lourde. L'APA est mensuellement au maximum d'environ 1 200 euros et se révèle très insuffisante dans le cas des maladies neurodégénératives. Le coût pouvant dépasser 3 000 euros, le reste à charge est alors très lourd pour la personne dépendante ou ses proches, ce qui peut poser un problème de justice sociale compte tenu du niveau moyen des retraites[23].

Le recours aux seules assurances privées (assurances, mutuelles, etc.) est-il adapté à toutes les situations ? Une telle assurance délivre classiquement une rente à la personne dépendante, autour de 500 à 600 euros par mois pour fixer les idées, à partir d'une cotisation mensuelle d'environ 30 euros. Face à la dépendance légère d'une personne à domicile, une aide ménagère de quelques heures par semaine peut considérablement améliorer la vie de la personne dépendante ; une dépense mensuelle au plus de 500 euros suffit à couvrir les demandes d'assistance d'une grande majorité de personnes dépendantes. À l'évidence, les 5 millions de Français, qui bénéficient déjà d'une assurance, sont satisfaits. Cependant, le risque extrême n'est pas couvert par les assurances actuelles. Autrement dit, face à des risques non assurables, il faut que la solidarité nationale s'exerce.

Notre proposition prévoit donc un socle de solidarité nationale recentrée sur les cas les plus lourds, au travers d'un service public, et un recours obligatoire aux assurances privées. Le recours à une assurance obligatoire pourrait

23. D'ailleurs en Allemagne, l'équivalent de l'APA atteint environ 1 900 euros dans la situation la plus sévère.

se faire autour d'un âge (50-55 ans) où, normalement, les charges d'éducation et de logement diminuent.

La légitimité de nouveaux financements

Nous avons vu que le financement de la protection sociale est un véritable défi mais qu'il existe un large éventail de ressources fiscales et sociales disponibles. Dans la mesure où la protection sociale est un investissement social qui crée de la future richesse, la question du financement de la protection sociale à venir est totalement renouvelée. Toutes les ressources fiscales et sociales recensées peuvent trouver un intérêt pour contribuer au financement.

Les leviers traditionnels de financement comme les cotisations sociales nous paraissent présenter de sérieux inconvénients, compte tenu de l'importance des financements à envisager. Ils continuent bien sûr à avoir de l'intérêt pour des ajustements limités, mais ils ne sont plus à la hauteur des défis du financement de long terme.

En effet, la hausse à envisager pour les taux de cotisations sociales se traduirait par des pertes significatives du pouvoir d'achat des salariés (voir l'encadré), ce qui ne ferait qu'aggraver la crise de la demande qui sévit. Depuis plus de vingt ans, les salariés ont déjà vu leur salaire net progresser deux fois moins vite que leur salaire brut. Il n'est pas souhaitable de poursuivre cette politique, voire de l'aggraver à l'avenir.

Nous avons vu que la CSG a l'avantage de toucher en partie les revenus du capital, mais elle présente l'inconvénient de frapper indifféremment tous les ménages, tout en distinguant les actifs et les retraités. Son caractère non progressif est un handicap alors qu'il faut à l'avenir choyer les jeunes générations.

Augmenter les taux de cotisations sociales ?

Augmenter les cotisations sociales employeurs et salariés est évidemment envisageable. Cependant, de fortes augmentations pèseraient sur le pouvoir d'achat des salariés.

Concrètement, depuis plusieurs décennies, les transferts sociaux se traduisent par des prélèvements qui pèsent fortement sur les actifs. Quel est l'impact sur leur pouvoir d'achat ? Il est possible d'y répondre de manière précise grâce aux études de l'Insee. De 1983 à 2007, le salaire brut a augmenté de 1,5 % par an, le salaire net de seulement 0,8 %, compte tenu des prélèvements sociaux croissants. Ainsi, le salaire net, celui en bas de la feuille de paie, a progressé deux fois moins vite que le salaire brut. En d'autres termes, les prélèvements sociaux pèsent lourdement sur le pouvoir d'achat net des actifs.

Combler le déficit actuel par la hausse des cotisations sociales employeurs et salariés[24] se traduirait par une baisse du pouvoir d'achat des salariés de l'ordre de 5 %. Même étalée dans le temps, une telle baisse ne paraît guère envisageable dans le contexte d'une économie qui progresse lentement.

L'actuelle crise économique et sociale modifie aussi la donne. Augmenter fortement les cotisations sociales employeurs n'est guère envisageable tant que les entreprises – songeons aux PME – ne sont pas en meilleure santé économique. Augmenter les cotisations sociales salariés n'est pas opportun, car ce serait rajouter une réduction du pouvoir d'achat des actifs à celle induite par la crise.

En outre, il ne faut pas sous-estimer le montant de la contribution CSG (et CRDS) qui affecte les salaires, y compris les plus faibles. Pour un salarié au SMIC, cette contribution annuelle équivaut quasiment à un mois de salaire ! En d'autres termes, un smicard ne paie pas d'impôt sur le revenu mais paie un mois de salaire pour la CSG. Ainsi, des hausses importantes de CSG affecteraient for-

24. On admet que la hausse des cotisations sociales employeurs serait compensée pour les entreprises par une réduction des salaires ou par leur moindre progression, compte tenu du contexte économique.

tement les bas salaires, ce qui souligne les limites d'une telle mesure.

Mais le nouveau paradigme de l'État social investisseur bouleverse les conditions du financement de la protection sociale en invitant à examiner la taxation des revenus du capital ou encore celle de sa détention et de sa transmission. Le parallèle peut être alors fait avec une entreprise qui finance son futur investissement à partir du résultat d'exploitation. Elle espère alors une future création de richesses pour assurer la rentabilité de son investissement.

La justice sociale nous invite aussi à nous intéresser à la taxation des revenus du capital. Il faut élargir la base de financement de la protection sociale sans peser exagérément sur les actifs, notamment les plus jeunes, tout en accentuant la redistribution des revenus. Or, le système social français fait exagérément payer la protection sociale par les actifs et par la classe moyenne. En effet, les bas salaires sont exonérés de charge, tandis que les très hauts salaires bénéficient de la faible fiscalité des revenus du capital[25].

Or, les revenus du capital ont crû de manière importante et ils ont dopé les revenus des plus aisés et fortunés, comme le confirment toutes les études sur la distribution des revenus. En outre, le patrimoine des ménages a connu une progression plus forte que celle des revenus[26].

Nous montrerons plus loin (voir l'orientation n° 7) que l'on peut raisonnablement espérer 50 milliards d'euros de recettes supplémentaires (soit 2,5 % du PIB) issues des

25. Cette fiscalité sur les revenus du capital s'est maintenue à un faible niveau, même si l'on tient compte de son relèvement très modéré durant ces dernières années.

26. Conseil des prélèvements obligatoires (2009), *Le Patrimoine des ménages,* La Documentation française.

revenus du capital (40 milliards) et de la transmission du patrimoine (10 milliards).

Les taxes sur l'environnement incitant à protéger l'environnement sont aussi une autre piste sérieuse de financement. L'Allemagne a beaucoup et rapidement avancé sur ce sujet au travers d'une fiscalité sur la consommation d'énergie et sur les émissions de CO_2 des véhicules particuliers. Elle a ainsi financé une réduction des cotisations d'assurance-vieillesse en créant un impôt sur l'électricité et en augmentant le taux d'imposition des hydrocarbures. Cependant, de telles hausses pénaliseront nécessairement des ménages modestes, il faut donc prévoir des mesures compensatoires.

La pollution nous paraît tout naturellement faire partie des candidats à la taxation pour la protection sociale. La pollution engendre des coûts importants pour le système de santé et génère des pertes de bien-être individuel et collectif. Autrement dit, elle induit des externalités négatives sur ce bien public qu'est notre environnement. La hausse de la taxation est de nature à faire évoluer les comportements des entreprises ou des ménages et devrait ainsi engendrer des « économies » dans les dépenses de protection sociale.

En France, la fiscalité environnementale ne représente actuellement que 2,2 % du PIB, avec les diverses taxes sur la pollution, l'énergie et les transports. Des pays comme le Danemark (6 % du PIB) et les Pays-Bas (avec quasiment 4 % du PIB) sont à la tête de ce mouvement vers davantage de fiscalité environnementale.

Comme on le voit, l'expérience d'autres pays nous montre qu'il y a là aussi un gisement important de recettes fiscales, de l'ordre de 30 milliards d'euros annuels si on aligne notre fiscalité sur celle des Pays-Bas.

Mais il y a également une source de recettes tout à fait importante dont il nous faut parler pour conclure : la fraude sociale. La lutte contre la fraude sociale est un investissement qui peut rapporter gros, car elle atteint des montants considérables. « La fraude et les pratiques abusives affectant les finances publiques de la France atteignent des proportions intolérables : plusieurs dizaines de milliards d'euros chaque année selon le Conseil des prélèvements obligatoires[27]. » La fraude sociale consiste à échapper au versement des prélèvements sociaux ou à bénéficier indûment de prestations sociales. Des ménages et surtout des entreprises déploient des trésors d'intelligence pour dissimuler du travail, minimiser les salaires, éviter de payer la TVA…

Depuis 2005, la loi de financement de la sécurité sociale prévoit des dispositions de lutte contre la fraude et le corpus juridique n'a cessé de s'étoffer. Mais la Cour des comptes[28], constatant que ce corpus manquait d'unité, se préoccupe à présent de l'ampleur croissante de ces fraudes. La fraude individuelle, que ce soit celle d'une entreprise, d'une profession libérale ou encore celle d'un assuré, paraît dépassée par de nouvelles pratiques de « bandes organisées ».

De nombreuses évaluations concordent pour chiffrer la fraude « globale » à environ 30 à 40 milliards d'euros. La fraude fiscale en constituerait les deux tiers, celle sur les prestations, le tiers. Par ces temps de déficits sociaux tous azimuts, cette piste de financement n'est sûrement pas à négliger. On admet que la moitié de ces pertes de recettes sera récupérée à long terme.

Le tableau 6 synthétise les nouveaux financements de la protection sociale envisageables à long terme, soit environ

27. Lettre du président de la République au ministre du Budget, des Comptes publics et de la Fonction publique, le 11 octobre 2007.

28. « Les entretiens du Conseil d'État en droit social, Fraudes et protection sociale », Colloque du 11 février 2011.

100 milliards d'euros annuellement (soit 5 % du PIB). Ces financements pourraient être utilisés bien sûr pour assurer de nouvelles missions, mais aussi pour faire baisser les charges sociales sur le travail qui handicapent la compétitivité de l'économie (voir l'orientation n° 8).

Tableau 6 – Nouveaux financements envisageables de la protection sociale

Type de financement	*Montant annuel envisageable*
Taxation sur les revenus du capital	40 milliards d'euros
Taxation sur la transmission du patrimoine	10 milliards d'euros
Fiscalité environnementale	30 milliards d'euros
Lutte contre la fraude sociale	20 milliards d'euros
Nouvelles recettes	*Total : 100 milliards d'euros*

Imaginons que ces nouvelles recettes soient utilisées pour financer les nouveaux besoins des jeunes générations, tout particulièrement pour les aider à mieux se former, à être en meilleure santé et à mieux s'insérer dans le monde du travail. Les nouveaux emplois créés ainsi que les gains de productivité induits seront de nature à dynamiser l'économie. Le financement de la protection sociale par les leviers classiques comme les cotisations sociales sera évidemment facilité par la hausse de l'emploi et la diminution du chômage. Un cercle vertueux sera en route, l'État social investisseur provoquant l'accélération de la croissance économique avec pour conséquence l'augmentation des recettes pour la protection sociale.

Les nouvelles orientations pour le financement

Les dépenses sociales ne servent généralement qu'aux générations actuelles, que ce soient les retraites, la santé, la dépendance, le chômage. Une exception peut être mentionnée pour les dépenses sociales qui bénéficient à plusieurs générations, comme le logement social ou étudiant, mais ces dépenses n'en représentent qu'une petite partie. En conséquence, ces dépenses doivent être couvertes par des recettes permanentes. Le recours à l'endettement et à l'emprunt est moralement et économiquement condamnable, car il reporte sur les futures générations des dépenses que l'on pourrait qualifier de « courantes ».

Nous devons prendre rapidement la résolution de parvenir à zéro déficit social au cours de la présente décennie, que ce soit sur les retraites, la santé, la dépendance et le chômage. Mais une telle résolution ne saurait suffire, car il faut aussi résister à la tentation de « faire payer » les actifs, ce qui aggraverait encore la situation faite aux jeunes générations. Nous proposons d'interdire tout prélèvement supplémentaire sur les jeunes générations, au moins tant qu'elles ont du mal à s'intégrer.

Enfin, il ne faut pas oublier que les recettes les plus importantes peuvent être assurées par une croissance économique dynamique. C'est tout à fait envisageable malgré le processus de vieillissement en cours ; de nouvelles politiques économiques doivent alors être mises en œuvre[29].

Tournons-nous maintenant vers de nouvelles orientations pour financer la protection sociale.

29. Lorenzi J.-H., Pelletan J., Villemeur A. (2012), *op. cit.*

N° 7 – Augmenter la taxation du capital

Le taux de taxation des revenus du capital est faible, de l'ordre de 15 % selon le Conseil des prélèvements obligatoires, alors que les revenus du travail le sont à plus de 40 %. Deux poids, deux mesures, selon que les revenus proviennent du travail ou du capital. Y a-t-il des raisons de fond à de telles différences ? On n'en trouve pas vraiment et de nombreux économistes de toute opinion préconisent l'égalité des taux.

Ce sont les États-Unis, et qui plus est sous l'égide de Ronald Reagan avec « le Tax Reform Act » de 1986, qui ont été les premiers à taxer tous les revenus au même taux d'impôt. Un bon principe, mis en œuvre par le pays le plus libéral, qui invite à se poser des questions sur notre situation…

Cependant, il existe une raison au maintien d'une différence sensible entre les deux taxations : le souci de ne pas trop taxer les revenus du capital pour les entrepreneurs innovants[30] qui prennent des risques individuels en créant des entreprises ou en les développant.

À cette réserve près, il est souhaitable de rapprocher les taxations du travail et du capital. Une telle mesure est aussi économiquement justifiée dans la période actuelle. Une taxation plus importante des revenus du capital affectera essentiellement les couches aisées qui épargnent beaucoup ; elle facilitera aussi la nécessaire redistribution des plus âgés vers les plus jeunes. Or, le contexte est celui d'une crise prolongée de la demande qui touche la France depuis la crise financière et économique de 2008 ; le taux d'épargne des Français est élevé (autour de 16 %), en fait trop élevé ;

30. Argument avancé également par Aghion P. et Cohen E. (2011), « Une autre révolution fiscale est possible », *Le Monde*, 24 mars.

en conséquence l'épargne ne doit pas être encouragée. Bien évidemment, on exclut une taxation des revenus du capital de ménages aux revenus faibles ou moyens.

Quelles recettes fiscales supplémentaires peut-on en attendre ? Nous avons vu que les premiers chiffres énoncés en 2010 allaient de 25 à 100 milliards d'euros par an et ils ont suscité un vif débat ! Essayons d'y voir plus clair dans ce débat souvent complexe et... passionnel.

Tout d'abord, concentrons-nous sur les revenus du capital, à savoir les loyers, les intérêts, les dividendes. Le Conseil des prélèvements obligatoires les évalue à 160 milliards d'euros. Leur taux de taxation implicite est de 15 % alors que le taux de taxation implicite des revenus du travail est de l'ordre de 41 %. En réalité, ces revenus du capital sont mal connus, sans doute sous-évalués, et certains économistes avancent le chiffre de 270 milliards d'euros[31].

Proposons un taux de taxation des revenus du capital se rapprochant de celui des revenus du travail, à hauteur de 30 %. C'est actuellement le taux pratiqué en Suède ; à l'évidence, il n'a pas fait fuir tous les possédants, pas plus qu'il n'a tué l'esprit d'entreprise. Selon que l'on retient l'estimation minimale (160 milliards) ou maximale (270 mil-

31. Landais C., Piketty T., Saez E. (2011), *Pour une révolution fiscale, un impôt sur le revenu pour le XXIe siècle*, éd. du Seuil, « La République des idées », janvier. Faut-il également inclure dans ces revenus ceux des loyers réels perçus par les propriétaires ainsi que les loyers « imputés », c'est-à-dire les loyers fictifs que les économistes attribuent aux propriétaires de leur habitation ? Éliminons cette éventualité car il n'est ni réaliste ni souhaitable de vouloir davantage imposer les détenteurs d'un patrimoine immobilier occupé au titre de résidence principale par son propriétaire ; cela se heurterait à l'objectif d'accession à la propriété ou de constitution d'un capital en vue de la retraite, alors que l'on manque durablement de logements.

liards) des revenus du capital, on peut donc escompter 24 ou 40 milliards d'euros de recettes supplémentaires.

Concentrons-nous maintenant sur les successions et les donations. La transmission du patrimoine des ménages (successions et donations) était pour l'année 2007 de l'ordre de 90 milliards d'euros, le taux de taxation étant seulement de 10 %. Depuis, les diverses réformes visant à exonérer davantage les héritages ont contribué à faire baisser ce taux implicite[32].

L'alignement du taux de taxation des successions sur celui du travail rapporterait annuellement près de 25 milliards d'euros supplémentaires. On peut douter que de tels taux de taxation des héritages soient politiquement acceptables par la majorité des citoyens dans un pays qui accorde beaucoup de prix à la transmission des biens. Mais il est bien connu que la concentration du patrimoine est très forte. Pourrait-on alors traiter différemment les grosses fortunes ? Oui, si on croit quelques milliardaires américains comme Bill Gates et Warren Buffett qui n'entendent laisser à leurs descendants que quelques pourcents de leurs immenses fortunes !

D'autres sources de recettes fiscales sont envisageables, toujours sans dommage majeur pour l'économie. On pourrait ainsi évoquer la suppression de l'exonération des plus-values immobilières lorsqu'elles concernent la cession d'une luxueuse résidence principale. En effet, cette exonération actuelle contribue à une fiscalité avantageuse par rapport à celles qui portent sur les valeurs mobilières.

Ces éléments laissent penser qu'une recette supplémentaire de 10 milliards d'euros pourrait résulter d'un taux moyen de taxation des successions de l'ordre de 20 %.

32. Conseil des prélèvements obligatoires (2009), *op. cit.* Après la loi TEPA, les taux de taxation sont de 9,5 % pour les successions et de 2,2 % pour les donations.

Une conclusion majeure s'impose : il est possible de dégager annuellement environ 50 milliards d'euros de recettes supplémentaires avec une taxation du capital non dommageable pour l'économie.

N° 8 – Instaurer une CSG plus élevée pour les retraités, moins élevée pour les jeunes

Les retraités bénéficient d'un taux de CSG moins élevé que celui des actifs. Cela était justifié à une époque où les retraites étaient largement inférieures aux revenus moyens des actifs. Ce n'est plus le cas dorénavant.

Les dépenses de santé des retraités, en gros 50 % de toutes les dépenses, sont assurées principalement par les actifs. Avec l'arrivée massive des papy-boomers, les dépenses de santé des retraités vont peser encore davantage sur les actifs. Il serait absurde de limiter la progression de ces dépenses de santé. Mais cette évolution peut être destructrice à terme, car elle ne paraîtra plus légitime aux yeux des jeunes générations.

Maintenant que les niveaux de vie sont équivalents et que les retraités disposent de patrimoines inégalés, il devient inéquitable de continuer à faire financer les dépenses croissantes de santé des retraités par les actifs. Nous avons aussi vu qu'il fallait dégager de nouvelles marges pour investir dans la santé des jeunes générations, plus précisément celle des actifs de moins de 40 ans.

Pour cette nouvelle ère de la protection sociale, un taux plus élevé de CSG pour les retraités se justifie pleinement. Un débat doit être lancé sur cette nouvelle solidarité intergénérationnelle à bâtir sur la santé. Faut-il envisager que dorénavant les dépenses supplémentaires des retraités soient prises en charge par leurs groupes d'âge ? Faut-il aussi instaurer des conditions de ressources pour bénéficier de la solidarité nationale ? Ces questions difficiles, et d'autres sans aucun doute, mériteraient d'être débattues avant que ne soit fixé un nouveau taux de CSG pour les retraités.

En parallèle, il serait équitable d'instaurer une CSG moins élevée pour les jeunes (par exemple de moins de 30 ans) afin de limiter les charges sociales qui pèsent sur les jeunes générations et de tenir compte de la faiblesse de leurs dépenses de santé.

N° 9 – Baisser les charges sociales sur le travail

L'énorme déficit commercial de la France, de l'ordre de 70 milliards d'euros en 2011, conduit à s'interroger sur ses causes et sur l'éventuelle responsabilité des charges sociales pesant sur le travail. Les rapports[33] se multiplient, notamment dans la comparaison avec l'Allemagne qui connaît, elle, un exceptionnel excédent. Les économistes soulignent le manque de compétitivité hors prix des produits français et mettent en exergue des facteurs comme le défaut de qualité, l'insuffisante image de marque, le manque d'innovation[34].

L'Allemagne, ces dernières années, a également allégé les charges sociales affectant les salaires, et la France est devenue la championne des pays de l'OCDE pour le poids de ces charges sociales, avec des cotisations à hauteur en moyenne de 55 % de la masse salariale, tandis que l'Allemagne ne se situe qu'à 42 % et la Suède à 22 %. L'interrogation n'est est que plus forte !

33. Fontagné L., Gaulier G. (2008), *Performances à l'exportation de la France et de l'Allemagne*, Rapport n° 81, Conseil d'analyse économique, mars. Didier M., Koleda G. (2011), *Compétitivité France-Allemagne : le grand écart*, Economica.

34. CEPII (2012), « Performances françaises à l'exportation : la compétitivité "hors-prix" mise en cause », *La Lettre du CEPII,* n° 313, 10 mai.

En fait, les entreprises françaises ont moins de marges de manœuvre pour innover ; autrement dit, les deux raisons se combinent pour faire plonger notre commerce extérieur.

La priorité pourrait être de provoquer un choc de compétitivité en abaissant fortement les cotisations employeurs, à condition bien sûr d'être en mesure d'améliorer fortement la compétitivité hors prix. En contrepartie, faut-il augmenter la taxe sur la valeur ajoutée (TVA) et faire ainsi contribuer les consommateurs ? Ou faut-il plutôt augmenter la CSG ? D'où le débat récurrent sur la TVA sociale qui consisterait à affecter une partie des revenus de la TVA au financement de la protection sociale, débat qui s'avère d'une grande complexité !

L'encadré ci-dessous expose les principaux arguments des partisans de la TVA sociale.

De leur côté, ses opposants soulignent le caractère inéquitable d'une hausse de la TVA qui frappe indifféremment les ménages pauvres ou aisés. Ils mettent aussi en avant le risque d'inflation qui pénaliserait l'économie et les salariés. Des entreprises pourraient en effet être tentées de profiter de la baisse des cotisations pour augmenter leurs profits et non pour baisser leurs prix hors taxe, notamment dans les secteurs où la concurrence est faible. Si la baisse des prix hors taxe ne compensait pas la hausse de la TVA, le pouvoir d'achat pourrait baisser et l'inflation serait relancée.

D'autres arguments plus importants sont à prendre en considération. Alourdir la taxation sur la consommation serait une erreur dans le contexte de la crise actuelle, compte tenu de l'affaiblissement certain de la demande ; elle ne ferait qu'aggraver le pessimisme du consommateur français et renforcerait les comportements d'épargne.

En outre, il faut anticiper d'autres effets que ceux idéa-

La « TVA sociale » : quels avantages supposés ?

Concrètement, la « TVA sociale » consiste à augmenter le taux de la TVA sur tous les produits vendus en France et à baisser simultanément les charges sociales sur les salaires payés en France. Ainsi, une partie des charges sociales supportées par les seuls salariés et employeurs serait transférée sur la consommation payée par tous les Français.

Par ailleurs, les biens importés paieraient leur contribution à la protection sociale. Autrement dit, les importations venant des pays développés ou à bas coût de main-d'œuvre, comme la Chine, contribueraient davantage à notre protection sociale. Il faut savoir que ces importations représentent 54 % de la consommation de biens manufacturés. Elles se font au détriment de nos productions nationales et nous obligent à nous reconvertir vers d'autres activités, au prix d'un effort qu'il faut bien financer.

L'emploi pourrait en sortir renforcé, d'autant plus que les baisses de charges seraient ciblées sur les bas salaires. Dans le cas d'un ajustement rapide et complet des prix à la production, on peut s'attendre à ce qu'une hausse de 3 points de TVA suscite un surcroît d'emplois de 75 000 à 160 000 à moyen terme[35].

Fort de ces considérations, Jean Arthuis, sénateur et président de la commission des Finances du Sénat, conclut : « Pour faire bonne mesure, j'estime qu'il faudrait augmenter de 5 points le taux normal pour le porter de 19,6 % à 25 %[36]. » Cela correspond à un transfert de charges sociales de l'ordre de 40 milliards d'euros.

lement attendus. Après l'instauration d'une TVA sociale, on peut s'attendre à court terme à un recul de la demande, puis après quelques années à un accroissement de l'offre et des exportations[37]. En conséquence, la mise en œuvre d'une

35. Besson E. (2007), *TVA sociale*, Secrétariat d'État à la prospective et à l'évaluation des politiques publiques, La Documentation française.

36. Arthuis J. (2011), *S.O.S. finances publiques, osons les vraies réformes*, Calmann-Lévy, p. 27.

37. Artus P. (2012), « Flash économie, recherche économique », *Natixis*, 4 janvier, n° 10.

TVA sociale ne doit pas se faire à n'importe quel moment du cycle économique. Or, nous sommes actuellement en phase de faible croissance et nous faisons face à une demande déjà insuffisante des ménages qui préfèrent épargner. Mettre en œuvre actuellement une TVA sociale ne ferait qu'amplifier le ralentissement. Ce n'est évidemment pas souhaitable !

Face à ces risques, l'autre option de hausse de la CSG, ou, mieux, celle de hausse de la taxation du capital, méritent d'être envisagées. Ces options sont plus équitables que la TVA. En outre, pour toutes les raisons déjà évoquées, ces options atténueront l'effet sur la demande.

Baisser les charges sociales et augmenter la taxation du capital est une option à examiner de près. Elle pourrait être couplée à une baisse des cotisations sociales des salariés, ce qui contribuerait alors à redonner du pouvoir d'achat aux salariés. Sur le long terme, l'équivalent d'environ 40 milliards d'euros (soit 2 % du PIB) pourrait être ainsi transféré des cotisations sociales vers ces nouvelles ressources, au bénéfice de l'économie et de sa compétitivité.

N° 10 – Financer les dépenses de santé comme un investissement social

Les dépenses de santé sont un indéniable facteur de développement d'un dynamique secteur économique, qui va de pair avec l'expansion des professions médicales et de l'industrie pharmaceutique. Mais il y a plus : la démonstration a été faite que les dépenses de santé sont un facteur de productivité, surtout si elles concernent les moins de 40 ans. La donne a donc changé : les dépenses de santé ne doivent plus être vues comme une dépense « improductive », mais comme un investissement susceptible de favoriser l'emploi et la productivité. Il faut donc accepter que les citoyens y consacrent une part croissante de leur consommation, sans pour autant la transformer en dette sociale pour les jeunes générations !

Il faut mettre fin au déficit récurrent de l'assurance-maladie depuis 1989 et à la dette sociale sans cesse croissante qui sera payée par les générations suivantes. Pour toutes ces raisons, une hausse de la CSG est tout à fait légitime. Cependant, quatre conditions nous paraissent impératives pour créer ce cercle vertueux et le rendre socialement acceptable.

La première est la lutte draconienne contre les divers gaspillages ; il faut veiller en permanence à l'efficience des dépenses de santé et à la satisfaction de vrais besoins. Par rapport aux autres pays développés, les Français surconsomment des médicaments, sans bénéfice évident : l'industrie pharmaceutique porte sa part de responsabilité comme l'a révélé le scandale du Mediator. Cet excès de consommation risque de s'amplifier avec le choc de la longévité.

Il faut aussi mettre en cause les organisations inadaptées qui sont sources de dépenses inutiles qui risquent de s'amplifier, comme l'hospitalisation excessive des plus de 75 ans. L'accroissement des prélèvements pour la santé sera d'autant mieux accepté que les citoyens auront la conviction que tous les acteurs luttent à tous les niveaux contre les gaspillages et les inefficiences.

La deuxième condition réside dans l'attention à accorder aux jeunes actifs, ceux qui consomment le moins de biens médicaux. Les dépenses de santé apparaissent économiquement plus efficaces pour cette tranche de la population ; on comprend aisément tout l'intérêt d'une prévention efficace à ces âges susceptible de retarder l'apparition des maladies chroniques et de favoriser un vieillissement actif. Le rééquilibrage des dépenses de santé en faveur des plus jeunes sera un facteur d'adhésion intergénérationnelle à la protection sociale.

La France, toujours championne de la consommation de médicaments

C'est le résultat d'une étude de l'assurance-maladie portant sur les huit grandes familles de médicaments dans les sept principaux pays européens. Chaque Français a dépensé en moyenne 114 euros en 2009, contre seulement 71 euros aux Pays-Bas, 70 en Allemagne et 59 au Royaume-Uni. Pire, au lieu de se réduire, l'écart s'est creusé avec le reste de l'Europe.
Comment l'expliquer ? En France, les médecins prescrivent moins de médicaments pour lesquels il existe une version générique. Lorsqu'un médicament perd son brevet et qu'un générique apparaît, les médecins ont tendance à se reporter sur les médicaments plus récents et plus chers.
Néanmoins, quelques bonnes nouvelles sont à noter. Pour la première fois, en 2010, l'objectif de dépenses de médicaments a été respecté (hausse de 2,3 % seulement). Entre 2006 et 2009, la hausse de la consommation est moins forte que chez nos voisins pour les médicaments contre le cholestérol, l'hypertension et les ulcères ; elle a même diminué pour les antidépresseurs.
À la suite de l'affaire Mediator, le récent rapport des professeurs Bernard Debré et Philippe Even[38], sur le contrôle de l'efficacité et de la sécurité des médicaments, jette une lumière crue sur l'industrie pharmaceutique. Ils concluent à l'existence d'un trop grand nombre de médicaments. En effet, près de 2 000 molécules sont offertes, sous 4 500 marques et présentations différentes, alors qu'il n'existe que 1 120 molécules originales, dont seulement 500 sont reconnues nécessaires par l'OMS. Une grande partie de ces molécules seraient donc sans intérêt, bien qu'elles soient souvent remboursées par la Sécurité sociale, entraînant aussi une dépense inutile de 1 à 2 milliards d'euros par an.

La troisième condition vise à mieux rembourser les soins courants qui sont généralement les principales dépenses

38. Rapport de la mission sur la refonte du système français de contrôle de l'efficacité et de la sécurité des médicaments. « À monsieur le président de la République et monsieur le ministre de la Santé », Pr. B. Debré, député de Paris, et Pr. P. Even, président de l'Institut Necker, mars 2011.

pour des actifs et des jeunes en bonne santé. Le trop faible taux de remboursement, et sans cesse revu à la baisse, est aujourd'hui de 50 % environ. Il est devenu injuste pour des personnes qui par ailleurs contribuent beaucoup au financement de l'assurance-maladie.

La quatrième condition trouve sa racine dans la nécessité d'innover non seulement pour soigner toujours mieux, mais aussi pour dynamiser l'économie de la santé. Le futur s'annonce exceptionnellement prometteur avec l'e-santé, c'est-à-dire l'intégration de toutes les technologies de l'information et de la communication. Imagerie médicale, biotechnologies, neurotechnologies, robotique, examens et consultations à distance vont devenir des outils de plus en plus courants ; le rapport patient/médecin en sortira renouvelé. Sur le plan économique, c'est la promesse de gains de productivité qui peuvent irriguer toute l'économie.

Conclusion

Les Français ont raison de s'inquiéter de l'avenir de leur protection sociale. Les déserts médicaux s'étendent, l'égalité de l'accès aux soins est menacée, les gaspillages de médicaments sont légion, le nombre de places pour les personnes dépendantes est insuffisant, tandis que la réforme 2010 des retraites, avec son cortège d'injustices, est mal vécue. Le haut niveau de protection sociale dont les Français bénéficient généralement n'empêche ni l'exclusion ni le déclassement social.

Des échecs alarmants et, de plus, une perte de légitimité !

Pendant ce temps, c'est le grand gâchis de l'emploi des jeunes ! Les moins de 30 ans deviennent les générations sacrifiées, plus d'un million d'entre eux étant au chômage. Les sans-diplômes galèrent, condamnés à des postes à temps partiel ou à des périodes de chômage, sans réelle possibilité de rebondir compte tenu de la quasi-inexistence de formations de la deuxième chance. Ceux qui travaillent peinent à entrer dans la vie active, ils courent de stage en stage, accumulent les contrats intérimaires, les CDD ou les périodes de chômage, avant d'atteindre, heureusement pour beaucoup d'entre eux, un emploi plus stable au bout de nombreuses années. Généralement mieux formés que leurs aînés, ils sont souvent moins bien payés au même âge que la génération précédente.

Le montant excessif des loyers et l'insuffisance de l'offre

locative handicapent l'entrée dans la vie étudiante ou dans la vie active. Les jeunes sont quasiment absents des logements sociaux et très peu d'étudiants peuvent accéder aux résidences universitaires, toujours en nombre très insuffisant du fait de promesses jamais tenues.

Depuis plusieurs décennies, la pauvreté s'est considérablement déplacée. Alors qu'elle concernait surtout les retraités, désormais ce sont les actifs, les jeunes et les enfants qui en sont surtout les victimes. Sur les 8 millions de pauvres, 2 millions sont des enfants et 1,1 million sont des jeunes entre 18 et 29 ans. Cette pauvreté atteint surtout les femmes seules avec enfants, les personnes sans diplôme et sans qualification, et les chômeurs de longue durée.

La protection sociale repose actuellement sur un transfert financier massif des actifs vers les retraités, que ce soit au travers des dépenses de retraite, de santé et de dépendance. Les jeunes générations perdent confiance dans la protection sociale et craignent d'être les dernières à être mises fortement à contribution avec en contrepartie pour toute perspective une maigre retraite ou un faible taux de remboursement des soins.

Là réside probablement le nuage le plus menaçant pour l'avenir, avec le risque de perte de légitimité de cette solidarité intergénérationnelle. La comparaison des transferts financiers en faveur des différentes catégories (jeunes, actifs, retraités) des principaux pays développés confirme que la France est une exception. Les actifs y sont les plus sollicités, les jeunes les moins favorisés et les retraités les plus bénéficiaires.

Le financement actuel dans l'impasse

En parallèle, les déficits sociaux sont abyssaux ; ces dernières années, ils sont de l'ordre de 50 milliards d'euros, soit 2,5 % du PIB. Sont en déficit tous les régimes de la protection sociale, ceux de la retraite et de l'assurance-maladie bien sûr, mais aussi ceux de l'assurance-chômage, des allocations familiales et de la dépendance. Et tous, sans exception, sont financés par l'emprunt, ce qui met notre protection sociale à la merci des marchés financiers.

L'arrivée massive des papy-boomers à l'âge de la retraite au cours des vingt-cinq prochaines années va porter le coup de grâce à ce système de protection sociale s'il n'y a pas de réformes structurelles d'envergure. Les ressources consacrées aux plus de 60 ans vont s'accroître de manière importante, que ce soit pour la retraite avec la croissance rapide du nombre de retraités, ou pour la santé avec la croissance des affections de longue durée et du nombre de personnes dépendantes.

Comment financer un tel effort ? L'endettement massif est économiquement condamnable et ne sera plus une solution à moyen terme. Dans ce contexte, la tentation sera forte de continuer à faire financer l'effort supplémentaire par les actifs, que ce soit sous forme d'impôts ou de cotisations sociales salariées, au détriment du pouvoir d'achat net des salariés. Or, il faut savoir que les prélèvements sociaux sur les salariés ont beaucoup pesé sur leur pouvoir d'achat depuis les années 1980. Autrement dit, une bonne partie de la croissance à venir des salaires pourrait être confisquée par la protection sociale.

Force est de constater que les retraités bénéficient désormais d'un niveau de vie supérieur à celui des actifs, l'État-providence de l'après-guerre ayant rempli avec succès sa mission. Ces retraités disposent aussi de patrimoines conséquents, certes très inégalement distribués. Le « toujours plus » en faveur des retraités ne peut que susciter des contestations et une remise en cause de sa légitimité sociale.

Les papy-boomers devraient avoir à cœur de ne pas

entrer dans l'histoire comme la génération d'après-guerre, bénie des dieux, qui aura trahi la jeunesse en la privant de tout accroissement du pouvoir d'achat et en lui léguant ses dettes et une économie non compétitive !

Le refus du tout libéral et du démantèlement de notre protection sociale

Les énormes déficits et la perte de légitimité sociale pourraient faire le lit du démantèlement de notre protection sociale. Face à l'impasse actuelle, la tentation libérale pourrait être forte car elle reposerait sur une responsabilité individuelle, avec un filet de protection minimal de la part de l'État. Elle conduirait à démanteler notre protection sociale au profit d'assurances privées et de fonds de pension ; des forces puissantes y songent ! À l'image des États-Unis, cette protection sociale serait très inégalitaire et laisserait démunie une partie de la population, avec de plus des résultats préoccupants pour la santé, comme la réduction en cours de l'espérance de vie.

La tentation de l'option du tout libéral est forte en France, comme le dénonce avec talent l'écrivain Tahar Ben Jelloun : « Les Français ont cette chance que beaucoup de peuples nous envient. La civilisation d'une société se mesure par l'importance qu'on accorde à la santé de ses citoyens quels que soient leur âge, leur religion, leur couleur de peau… On veut casser ce système qui fait l'honneur de ce pays, qui est donné en exemple dans le monde, on veut petit à petit privilégier le secteur privé, celui de la médecine, payante et rentable… Aujourd'hui une certaine droite, plus attachée au libéralisme en économie qu'à l'humain, pousse le gouvernement à rendre le service public obsolète, donnant ainsi aux marchands de la santé et des assurances privées toute possibilité pour exercer et alléger ainsi la facture de la sécurité sociale[1]. » Tahar Ben Jelloun n'a tort que sur le dernier point : sous prétexte d'économies, l'évolution vers un tel système finira par coûter encore plus cher, comme c'est le cas aux États-Unis.

À l'opposé, la protection sociale d'un pays comme la Suède a réussi à concilier une protection sociale de haut niveau avec la prise en compte de nouveaux enjeux, comme l'éducation et l'accueil de la petite enfance, les conditions de vie des étudiants et la dépendance des personnes âgées. De mon point de vue, l'enseignement majeur réside dans l'orientation majoritaire des dépenses sociales en faveur des moins de 60 ans, à l'inverse de ce que propose actuellement notre société.

Il reste à faire ce choix majeur de société, visant à assurer une forte protection sociale des retraités sans sacrifier les actifs et surtout les jeunes générations. La Suède montre ainsi qu'il est possible d'orienter majoritairement les dépenses sociales vers les moins de 60 ans et les plus jeunes, sans pénaliser les seniors et les aînés.

Un nouvel État social investisseur, notre atout économique

La seule solution d'avenir pour la France est de faire face au choc du papy-boom, tout en jetant les bases d'un nouveau compromis social en faveur des jeunes générations et en saisissant les nouvelles opportunités sociales qui s'offrent. Alors se dessine un nouveau compromis social, alimenté par des visions fructueuses que des économistes et des sociologues

1. Ben Jelloun T. (2011), « Vive le service public », *Le Monde*, 20-21 mars, p. 28.

ont mises en évidence ; ces nouvelles visions portent un nom, l'État social investisseur. L'État-providence doit ainsi se transformer pour donner toute sa place à l'État social investisseur qui est porteur d'une nouvelle légitimité économique.

En gardant leurs seniors plus longtemps, les entreprises favoriseraient la création d'emplois pour les jeunes générations. Serait alors généré un triple gain : le dynamisme économique avec plus d'actifs, la réduction du chômage des jeunes et le meilleur financement de la protection sociale.

Les dépenses de santé ont gagné le statut d'investissement, créateur d'emplois et de productivité, surtout si elles concernent les moins de 40 ans. En conséquence, il n'y a pas de raison de fond à limiter les dépenses de santé, à partir du moment où les gaspillages sont contenus et où la recherche de l'efficience est permanente.

Dans nos économies développées, le capital humain, qu'il soit lié à l'éducation ou à la santé, devient le facteur de production le plus efficace et le plus prometteur. La nouvelle protection sociale doit protéger ce facteur de production tout en encourageant sa formation. L'État social investisseur y gagne sa nouvelle légitimité, en aidant les individus à s'affirmer dans leur individualité, leur autonomie, leur créativité et leur employabilité. Dans cette continuité, un service d'éducation et d'accueil de la petite enfance (1 à 3 ans) se révèle plus avantageux pour les enfants, mais aussi pour leurs familles et l'ensemble de la société.

L'État-providence a réussi à amener, en moyenne, le niveau de vie des retraités à la hauteur de celui des actifs et même largement au-delà, si on tient compte des nombreux avantages consentis. Il n'y a plus de raison à l'avenir que les retraités continuent à bénéficier d'impôts et de prélèvements sociaux moins importants que ceux des actifs, à l'exception bien sûr des faibles retraites.

Les plus fortunés, qui sont aussi souvent des retraités, ont largement profité de la dynamique de croissance durant les dernières décennies, au travers de la valorisation de leur patrimoine. Ce dernier perpétue des inégalités de naissance qu'il serait justifié de compenser par une taxation appropriée.

L'État social investisseur, ce nouveau paradigme en phase avec l'évolution en cours vers une économie de la connaissance, devient alors un atout économique majeur dans la mondialisation. Compte tenu des retombées économiques attendues d'un tel État social, il devient légitime d'envisager de nouvelles recettes issues de la taxation sur les revenus du capital ou encore sur les successions. La protection sociale peut aussi trouver de nouvelles sources de financement dans la protection de l'environnement ou encore dans la lutte contre l'énorme fraude sociale.

À long terme, un nouveau financement annuel de l'ordre de 100 milliards d'euros (soit 5 % du PIB) est envisageable ; il pourrait être consacré tant aux nouveaux besoins des jeunes et des personnes âgées dépendantes qu'à la baisse des charges sociales qui pèsent exagérément sur le travail. L'État social investisseur y puisera une nouvelle dynamique économique, notamment du côté de l'emploi, et y trouvera de nouvelles sources de financement.

La refondation nécessaire au cours de la présente décennie

La protection sociale doit être refondée au travers d'un État social investisseur, avec le double défi de s'adapter au choc de longévité et de mieux « aimer ses jeunes ». La protection sociale gagnera une nouvelle légitimité tant économique que sociale.

La refondation du financement de la protection sociale n'est pas la moindre des refondations à mettre en œuvre, le mode de financement actuel devenant insoutenable et, tout aussi grave, pénalisant l'économie et les actifs. Oser de nouveaux financements devient un impératif.

J'avance dix orientations à mettre en œuvre au cours de la présente décennie. Elles n'ont pas la prétention de couvrir tous les aspects de la protection sociale, mais d'être plutôt des propositions phares et emblématiques à débattre et à approfondir.

Dix orientations pour refonder la protection sociale

1. Créer un service public de l'éducation et d'accueil des jeunes enfants
2. Créer une allocation pour les jeunes chômeurs et les étudiants
3. Transformer l'assurance-chômage en assurance sociale professionnelle
4. Faire du logement social et étudiant une priorité nationale
5. Instaurer la retraite choisie de 60 à 70 ans, en équilibre financier
6. Créer un service public en faveur des personnes âgées dépendantes
7. Augmenter la taxation du capital
8. Instaurer une CSG plus élevée pour les retraités, moins élevée pour les jeunes
9. Baisser les charges sociales sur le travail
10. Financer les dépenses de santé comme un investissement social

---

La protection sociale doit redevenir un sujet de débat politique loin du déni de réalité, du laisser-faire ou de la démagogie, tant sa construction s'enracine dans notre histoire collective et dans nos valeurs. Au cœur de ce débat doit être le sort des jeunes générations, notre bien commun.

Table

DANS LA MÊME COLLECTION

Les Systèmes de santé
Analyse et évaluation comparée dans les grands pays industriels
par Denis-Clair Lambert

Les Impasses de la modernité
Critique de la marchandisation du monde
par Christian Comeliau

Le Commerce des promesses
Petit traité sur la finance moderne
par Pierre-Noël Giraud

Vers une démocratie générale
Une démocratie directe, économique, écologique et sociale
par Takis Fotopoulos

Éco-économie
Une autre croissance est possible, écologique et durable
par Lester R. Brown

Les Métamorphoses du monde
Sociologie de la mondialisation
par Dominique Martin, Jean-Luc Metzger et Philippe Pierre

La Chaîne invisible
Travailler aujourd'hui : flux tendu et servitude volontaire
par Jean-Pierre Durand

L'Invention du marché

Une histoire économique de la mondialisation

par Philippe Norel

avec la collab. de Claire Aslangul, Paloma Moreno, Carina Van Vliet et Olivier Bouba-Olga

La Société malade de la gestion

Idéologie gestionnaire, pouvoir managérial et harcèlement social

par Vincent de Gaulejac

Les Cinq Capitalismes

Diversité des systèmes économiques et sociaux dans la mondialisation

par Bruno Amable

La Croissance ou le Progrès ?

Croissance, décroissance, développement durable

par Christian Comeliau

Les Nouvelles Géographies du capitalisme

Comprendre et maîtriser les délocalisations

par Olivier Bouba-Olga

Le Nouveau Mur de l'argent

Essai sur la finance globalisée

par François Morin

Le Coût de l'excellence

Nouvelle édition

par Nicole Aubert et Vincent de Gaulejac

La Croissance américaine ou la main de l'État

par Alain Villemeur

Essais
par Karl Polanyi

Sociologie économique
par Mark Granovetter

Pourquoi les crises reviennent toujours
Nouvelle édition mise à jour
par Paul Krugman

L'État prédateur
Comment la droite a renoncé au marché libre
et pourquoi la gauche devrait en faire autant
par James K. Galbraith

L'Histoire économique globale
par Philippe Norel

Un monde sans Wall Street ?
par François Morin

Travail, les raisons de la colère
par Vincent de Gaulejac

La Démondialisation
par Jacques Sapir

L'Entreprise et l'Éthique
Nouvelle édition augmentée
par Jérôme Ballet, Françoise de Bry,
Aurélie Carimentrand et Patrick Jolivet

Le Seuil s'engage pour la protection de l'environnement

Ce livre a été imprimé chez un imprimeur labellisé Imprim'Vert, marque créée en partenariat avec l'Agence de l'Eau, l'ADEME (Agence de l'Environnement et de la Maîtrise de l'Énergie) et l'UNIC (Union Nationale de l'Imprimerie et de la Communication).

La marque Imprim'Vert apporte trois garanties essentielles :

- la suppression totale de l'utilisation de produits toxiques ;
- la sécurisation des stockages de produits et de déchets dangereux ;
- la collecte et le traitement des produits dangereux.

RÉALISATION : NORD COMPO À VILLENEUVE-D'ASCQ
IMPRESSION : CORLET À CONDÉ-SUR-NOIREAU
DÉPÔT LÉGAL : OCTOBRE 2012. N° 107990 (149228)
Imprimé en France